湛庐 CHEERS

与最聪明的人共同进化

HERE COMES EVERYBODY

围观CHINESE

汪晖等 公共回归学

HERE COMES EVERYBODY

CHEERS
湛庐

한 장 보고서의 정석

一页纸
高效
沟通法

[韩] 朴信英 著
何 珊 译

浙江教育出版社·杭州

如何通过一页纸实现高效沟通？

扫码加入书架
领取阅读激励

扫码获取全部测试题及答案，
一起探索一页纸高效沟通法

- 报告的专业性比报告接收者的风格和关注点更重要吗？

  A. 是

  B. 否

- 活动计划类报告的核心问题是什么？（单选题）

  A. 情况是什么

  B. 收获了什么

  C. 真的需要这么做吗

  D. 如何进行

- 循序渐进说明问题和原因的报告适用于以下哪种场景？（单选题）

  A. 上司只想听到答案时

  B. 报告时间紧张时

  C. 听汇报的人多时

  D. 双方面对面交谈时

扫描左侧二维码查看本书更多测试题

推荐序
한 장 보고서의
정석

高效沟通,从一页纸开始

张 璐
六页纸文化创始人

全球汽车业有个有趣的现象:特斯拉近几年备受瞩目,但在过去半个世纪,丰田在全球汽车企业中,产销量和市值始终稳居第一。丰田成功的秘密之一,就藏在一种简单却强大的工具——一页纸高效沟通法中。

这种方法源于 20 世纪 50 年代的丰田精益生产体系,后来被亚马逊、字节跳动等科技巨头采用和改良,逐渐发展成为提升组织效能的利器。

一套快速传达核心信息的沟通法

这本《一页纸高效沟通法》是用工具书的形式,把丰田 A3 一页纸的使用外延扩大，应用到了研讨、汇报、总结等日常工作场景里。本书总结了更加简洁的结构和实用的模板，让所有人都可以轻松上手使用这一方法。这和我写《亚马逊六页纸》的初衷是一致的。

这个方法的核心价值就是提升沟通效率：将复杂信息浓缩到一页纸上，快速传达核心信息，加快决策过程。

首先，一页纸高效沟通法强调写作要以读者为中心，确保信息准确有效传达。其次，它采用结构化思维，比如通过三问法和 8 种报告结构，提升员工系统化思考和表达的能力。最后，它还通过促使使用者制定标准化沟通流程和培养聚焦重点的能力，提高组织协作效率，并帮助决策者更好地理解问题和方案。

这一方法与目前大家都在使用的方法有 3 大区别。

区别 1：书面和口头传递信息的质量和速度不同，阅读的速度是口口相传的 3～5 倍。

区别 2：书面表达传递出的信息不容易衰减，可以通过群发迅速传递给很多人。使用标准的一页纸格式传递信息，可以促进组织内部沟通的标准化，培养员工的信息提炼和结构化思考能力，为个人职业发展和组织效能提升带来积极影响。

区别 3：一页纸高效沟通法注重提出具体可执行的计划，便于迅速推进行动。

那么，哪些企业适合这样的工作方法？

推荐序　高效沟通，从一页纸开始

从制造业到互联网，不断积累企业智慧

一页纸高效沟通法在全球多家知名企业中得到了成功应用，展现了其强大的效能提升作用。以下是几个典型案例：

亚马逊作为全球电商巨头，运用"一页纸纠错文档"记录所有网站漏洞。这种标准化的一页纸格式不仅便于存储在数据库中，还为分析和解决网站问题提供了宝贵的数据支持，有效提高了解决问题的效率和准确性。

美团作为一家低毛利的互联网零售企业，通过精练的文档来规范各个业务流程。这种方法帮助美团在每个环节进行精细化管理，有效控制成本，实现了"降本增效"的目标。

字节跳动这家中国新兴科技公司以其强大的文档文化而闻名。字节跳动不仅在内部广泛使用一页纸高效沟通法，还通过其自主开发的协作工具飞书，将这种高效的文档管理能力输出给其他企业，展现了一页纸高效沟通法在知识管理和信息传递方面的巨大潜力。

这些案例清楚地表明，无论是在传统制造业、电子商务领域还是在新兴科技领域，一页纸高效沟通法都能够显著提升组织效能，促进信息的高效传递和知识的有效积累。它不仅适用于跨国公司，也同样适合中国本土企业的管理需求，为企业的数字化转型和管理升级提供有力支持。

那么，什么样的中国企业，最应该采用这种方法？

第一类是处于转型升级阶段的传统企业，他们需要提升管理效率、改善沟通方式，推动组织管理方式的升级。文档可以让企业的知识经验不断沉淀，形成组织智慧。

第二类是正处于快速发展和规模扩张阶段的企业，他们面临组织架构复杂化和管理层级增加的挑战，需要高效准确的信息传递方式。尤其是连锁企业，可以用文档迅速把一家店铺的经验教训复制到其他店铺。

第三类是高知识密集型企业，如咨询公司、科技公司或研发机构，可以用一页纸将复杂的专业信息转化为组织的数据库，把组织智慧不断积累下来。

把日报当作一页纸，轻松开启练习

具体如何开始运用一页纸高效沟通法？这里有3个实用建议：

建议1：从日报开始练习。每天工作结束前，用一页纸总结今日完成事项、遇到的问题和明日计划。坚持21天，你会发现自己的思维更加清晰，表达更加简洁。

建议2：建立个人模板库。针对不同场景，如会议纪要、项目汇报、问题分析，参考本书的模板，建立3～5个常用模板。每个模板包含固定的关键要素，让你的输出更加规范和专业。

建议3：运用"三步写作法"。

推荐序　　高效沟通，从一页纸开始

- 第一步：快速倾倒所有想法。
- 第二步：按照逻辑结构重新组织内容。
- 第三步：精简文字，确保在一页纸内完成写作。

好的一页纸文档应该像浓缩咖啡，提炼出最精华的内容，让读者一眼就能抓住重点。在使用一页纸高效沟通法时，你需要警惕几点：首先，避免过分追求形式而忽视内容，或者试图在一页纸中塞入过多信息。其次，不要生搬硬套模板，而应根据具体场景和受众灵活调整。最后，主动与团队分享讨论，寻求建议和反馈，不要让一页纸"沉睡"在自己的电脑里。

从丰田到特斯拉，从制造业到互联网，一页纸高效沟通法已经证明了它在提升组织效能方面的强大力量。正如丰田能通过这一方法稳居全球汽车业龙头，中国企业也可以借助这一工具实现自身的转型升级和效能提升。

《一页纸高效沟通法》为我们提供了一把开启高效工作的钥匙。无论你是刚入职场的新人，还是经验丰富的管理者，都可以从这本书中获得实用的技巧和方法。通过从日报开始练习、建立个人模板库和运用三步写作法，你将逐步掌握这一强大的方法。

每一次练习，都是在为自己和组织积累智慧。就像丰田通过一页纸方法不断改进生产流程一样，你也可以用它来优化工作方式、提升效率。为了成为职场达人、打造高效组织，让我们从现在开始，用一页纸开启高效之旅。

前　言
한 장 보고서의
정석

掌握职场中最重要的沟通能力

越来越多的公司开始要求员工:"请你把报告总结成一页纸!"

完成一份几十页的报告,无论对于看报告的人还是写报告的人来说,都是一件相当费心劳力的事情。

看报告的人心想:"这么多页报告要看到猴年马月?"而写报告的人心想:"这么多页报告要写到猴年马月?"于是,双方达成了一致:"我们就把报告浓缩成一页纸吧!"而当他们真正坐在桌子前开始写报告的时候又犯了难:"怎么写啊?""如何开头呢?"

面对"一页纸报告"(One Page Report,OPR)很多人都会陷入这种无从下手的窘境:怎样在一页纸报告中归纳出重点,怎样确立报告的结构,怎样进行遣词造句,等等。这一系列问题,我都会在本书中为大家一一解答。

写一页纸报告，丰田员工的入职必修课

本书可以帮到以下 3 种人。

第一种人是初次写一页纸报告的人。初次写报告的人往往会不知从何下手，却又难以找到领路人。写报告这件事，对于内行人来说轻车熟路，对于一个门外汉来说则相当困难。一个门外汉需要花费大量时间去了解那些在内行人眼中理所当然的写作原则或基本技巧，否则就会举步维艰。"要是有个人能为我指点迷津该有多好……"如果你也这样想，那么这本书将会成为一本对你而言不可或缺的报告写作类入门级读物。

第二种人是把心思都放在自己的专业领域上、缺乏沟通技巧的人。在我的讲座和课堂上，经常会有一些比我头脑聪慧、学识渊博，专业水平也极高的人。不过，正因为他们把全部精力都投入到了对专业领域的钻研中，也就没什么机会去思考如何组织语言、怎样确立结构这类沟通技巧了。如果你也是这样的人，那么这本书可以帮助你快速掌握专业的沟通技巧。这是一本对你大有裨益的归纳总结类入门级读物。

第三种人是决策者或领导者。我的报告是 A 风格、你的是 B 风格、他的是 C 风格……即便我们可以理解大家写的报告在版式、页数和结构上都有所不同，但这么多风格同时存在会更利于沟通吗？如今，随着跳槽率的攀升，一个公司中的不同员工撰写报告的习惯也不同，报告的版式越发花样百出。"不能再这样下去了，就用一个统一的版式吧。有琢磨版式的时间，还不如多操心一下内容。"把五花八

门的版式统一起来后，工作也会变得更加得心应手。虽然写报告的人需要花费一定时间来适应新的版式，但不同的版式很有可能引起误会，而消除这些误会又要投入一定的时间。和这些时间相比，适应版式的时间就不值一提了。

打个比方，丰田公司在全球有 30 多万名员工，他们都是用标准化的一页纸报告来汇报工作的，仅根据不同的报告类型做小幅度调整。据说，丰田公司的员工在开会的时候，大家拿的都是一页纸报告，仅凭这些，他们就能在 3 秒之内做出决策。当然，3 秒只是一个夸张的形容，但这也正意味着，一份只呈现重点内容的报告有助于提高决策效率。如何写一页纸报告是每一名丰田新员工的入职必修课，随着员工一步一步升职，这项技能也会得到反复锤炼。最终，全部员工都把这项技能掌握得炉火纯青。丰田公司的例子值得深思。任何公司里都会有这样的领导，他们想呼吁大家把报告的版式统一起来，想把员工从海量的文件处理工作中解放出来。如果你也是这样的英明领导者，那么对于你来说，这本书是很有价值的文件整合类入门级读物。

活用表达技巧，打造完美第一印象

你在工作中是不是也遇到过类似的糟心事，同事和你的想法明明差不多，但就因为他的报告写得好，所以他得到的评价也比你高（见图 P-1）。

在面对这类情况时，我们可能偶尔会有这样不服气的想法："我只要包装做得好，是不是……他只是比我会包装而已。"

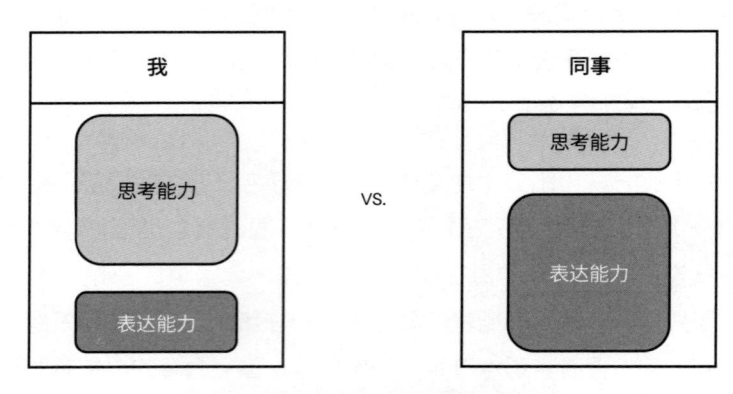

```
┌─────────────┐           ┌─────────────┐
│      我      │           │     同事     │
├─────────────┤           ├─────────────┤
│             │           │   思考能力    │
│   思考能力   │    VS.    │             │
│             │           │             │
│             │           │   表达能力    │
│   表达能力   │           │             │
└─────────────┘           └─────────────┘
```

图 P-1　我与同事在思考和表达上的区别

我们不能只认为报告是一种包装，而首先要认识到它的重要性。

第一，报告是公司的语言。语言有多重要呢？简单来讲，如果一个人不会法语，自然就很难在法国和法国人共事。也就是说，如果语言能力不过关，无论这个人有多么优秀，他都很难在工作中得到较高的评价，也很难推进自己的工作。纵使这个人绝顶聪明，如果他不会使用公司的语言表达观点，没有灵活的表达技巧，那么他大概率就会得到一个"工作能力不足"的评价。哪怕是为了不让别人小瞧自己的工作能力，我们也一定要学习公司的语言——报告。

第二，报告是其他工作的基础。会做报告不仅仅意味着拥有报告的能力，也代表拥有与他人共享想法和信息的能力。可以说，报告会影响工作的方方面面，无论是贯穿于整个工作过程的文件撰写，还是会议组织、公开汇报、会议发言、邮件共享、各方沟通，甚至是下属指导……报告时由遗漏信息或报告不及时而造成的损失是相当巨大的。所以，随着员工的晋升，他们的发言也变得越来越有分量，其信息的表达、共享和接收能力就更应该得到锻炼。

第三，报告与评价息息相关。公司里存在两种矛盾：

- 情感矛盾：唉，因为他，我的工作没法做了。
- 工作矛盾：唉，这件事没法做了。

人是情感动物，很难像冰冷的机器一样将两种矛盾区分开。在大多数情况下，工作矛盾会延伸为情感矛盾。对于那些把报告做得条理清晰的人，他们听到的评价可能是："你的报告真是简洁明了，我很满意。""你可真有条理。""你真是太懂我了。"等等。而如果一名员工的报告做得不那么条理清晰，甚至只是表达方式与他人稍有不同，他就可能变成他人口中"不怎么样的人""没法沟通的人""给人添堵的人"。这种事放在谁身上会不郁闷啊？如果一个人的报告能力可以决定他给别人留下的印象，那么我们就应该去锻炼这种能力。

正如美国"现代成人教育之父"戴尔·卡耐基（Dale Carnegie）所言："一个人的成功，15%取决于专业知识，85%取决于语言表达能力。"

一个人表达能力越差，在工作中遇到的糟心事就越多。不过，你也没有必要因为自己表达能力的欠缺而自责。希望下面这段话能安慰到你。从古至今，这世上有两件事比登天还难：第一件事就是把别人口袋里的钱挪到自己的口袋里，而第二件事就是把自己脑子里的想法灌输到别人的脑子里。

做报告就属于第二件事，自然不容易。虽然你可能常常会有放弃的念头，但作为一个上班族，你不能草率地放弃。因此，你可以把消化这些负面情绪的时间利用起来，锻炼自己的表达能力，寻找把自己脑子里的想法灌输到别人脑子里的方法，这样你也能减少加班的频率，改善自己的精神状态。

领路人难寻，没有人会教你该怎样做报告。因为每个人的喜好都不同，有的人喜欢这样，有的人却讨厌如此，很难得出一个标准答案，告诉你："这样做就行了。"不过，尽管做报告没有标准答案，但还是存在基本技巧的。当然，初入职场时，我也不了解基本技巧，面对工作感到非常糟心。一想到那段负面情绪满满的时期，我就想把自己总结出的关于做报告的基本技巧和实用方法，分享给那些和我有相似境遇的人。

对不善社交的我而言，向别人请教问题是一件相当困难的事。可能也正是因为如此，我才特别想写一本职场入门类的书，来帮助那些和我一样，因为觉得同事太忙，就不敢经常向他们请教，或者压根就没有请教对象的朋友们。如果没有人教你怎么做报告，如果你的工作内容急需你迅速掌握做报告的能力，如果你才刚刚开始接触报告，还找不到任何头绪，那么希望这本书能够带你入门，赋予你力量。

目录
한 장 보고서의
정석

推荐序　高效沟通，从一页纸开始

张　璐
六页纸文化创始人

前　言　掌握职场中最重要的沟通能力

第 1 章　你的沟通为什么总是达不到效果　　001
　　　　　掌握 4 个要素，写出上司最认可的报告　　003
　　　　　增强画面感，让报告更具生命力　　006

第 2 章　归纳重点，通过 3 大提问法换位思考　　007
　　　　　沟通的 3 大步骤：陈述情况、提出诉求、
　　　　　给出方案　　009
　　　　　用"三问法"抓住重点　　014

第 3 章	调整顺序，8 种结构让你脱颖而出	045
	按照接收者感兴趣的顺序组织报告	047
	8 种结构，量体裁衣为你的报告增色	066
	统一格式，让沟通事半功倍	138

第 4 章	优化表达，10 个技巧助你更上一层楼	143
	条文式结构：最利于理解的格式	145
	分门别类法：让报告一目了然	147
	拆分法：化笼统为清晰，让要点不重不漏	150
	标题：运用 SMART 目标管理原则，明确目标和利益	154
	精炼语句：省略冗余内容	156
	客观依据：事实胜于雄辩	156
	数字和图表：让数据为你代言	158
	书面语体：正式，但别死板	167
	缩略词：注意使用对象和场合	169
	两点建议：及时对标、及时确认	171

后　记	没有完美的报告，只有合适的报告	179

한 장 보고서의 정석

일 잘하는 사람들만 아는 한 장 정리의 기술 3가지

第 1 章

你的沟通为什么总是达不到效果

第 1 章　你的沟通为什么总是达不到效果

掌握 4 个要素，写出上司最认可的报告

一页纸报告更容易被否决。当你把现有资料整理成一份长长的报告后，面对上司提出的疑问，你可能会幸运地在报告中找到他需要的信息（当然，前提是对方通读了全部的报告内容）。而一页纸报告一目了然，所以做一页纸报告更容易被对方否决。这是什么原因导致的呢？如果筛选出几句被否决时经常能听到的话，你就会明白其中缘由：

- 内容冗长、没有重点。
- 没有条理，文字堆叠、结构混乱。
- 你在写小说吗？想象力丰富却没有事实依据。
- 你想怎么做？蓝图宏大却没有行动计划。

原来报告是因为无法满足上司注重的 4 个要素才被否决了。那该怎么办呢？让我们继续深入分析。

要素 1：归纳重点

"没有重点"是什么意思呢？上司的潜台词是："这个问题的重点是什么？方案的重点是什么？请你简要概述一下。"

$$\text{重点是什么？} = \left(\begin{array}{l} \text{问题的重点} \\ \text{问题是什么？} \end{array} + \begin{array}{l} \text{方案的重点} \\ \text{所以你打算怎么做？} \end{array} \right) + \begin{array}{l} \text{从结论着手} \\ \text{简要概述一下} \end{array}$$

"没有重点"短短 4 个字包含了多重含义，所以回答起来也并不容易。在当今的职场中，简要归纳重点的能力极其重要。如果这项技巧没有得到很好的训练，那么情况就会演变成"打着一页纸报告的幌子，结果把重要内容全部删除"。上司就会一遍又一遍地对你说："没有重点！重做、重做、重做！"为了摆脱这种死循环，我们将在第 2 章从 3 个方面学习归纳重点的技巧。

要素 2：调整顺序

能够归纳重点是一回事，让对方听懂你报告的内容则是另外一回事。同样的内容用不同的顺序和脉络表达出来，对方的理解也会有所不同。毫无疑问，条理清晰的内容比冗长繁杂的内容更加让人一目了然。也就是说，简单明了的结构更容易抓人眼球（见图 1-1）。我们将在第 3 章中学习如何调整顺序、整理结构、厘清条理。

要素 3：优化表达

小说虽然是一种优秀的文学体裁，但它却不适用于职场。小说是基于作家的想象创作而成的，而报告必须以事实为基础。这就需要我们省略一些没必要的成分，保留最简洁直接的内容。小说可以把人们在一分钟之内体会到的情感洋洋洒洒地扩展成数十页纸的内容，而报告则需要把数十页纸的内容总结成一页纸，这就要求我们必须具备强大的文字概括能力。

在这本书中，我们也将学习如何遣词造句、优化表达，才能让上司轻松读懂你的报告。

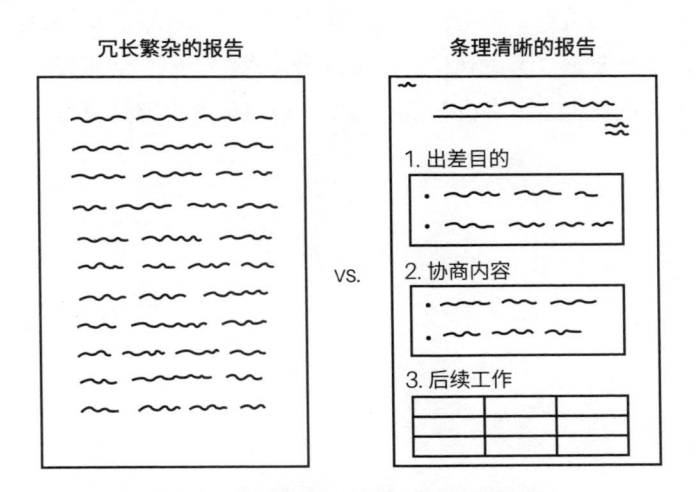

图 1-1 冗长繁杂的报告 vs. 条理清晰的报告

要素 4：体现计划

如果你写报告的目的是让工作得到落实，那么你就一定要在报告中体现出自己的工作计划。这样在上司问"你想做什么、怎么做"的时候，你才不至于哑口无言。本书将会通过各种例子来分析这部分内容。

增强画面感，让报告更具生命力

此外，"没有画面感"这一问题也是报告被否决的常见原因。为了解决这一问题，我们需要把冗长的文字用图形或表格生动地描绘在一页纸中。这部分内容我不在此赘述了。

综上所述，我们将通过本书学习到写一页纸报告时应该掌握的4个要素：归纳重点、调整顺序、优化表达、体现计划。我们会侧重于学习前3个要素。考虑到在实际工作中，我们会把一到两页的报告统称为一页纸报告，本书也会根据需要，将报告的内容整理为一页或两页纸。

한 장 보고서의 정석

일 잘하는 사람들만 아는 한 장 정리의 기술 3가지

第 2 章

归纳重点，通过
3大提问法换位思考

第 2 章　归纳重点，通过 3 大提问法换位思考

沟通的 3 大步骤：陈述情况、提出诉求、给出方案

英国前首相温斯顿·丘吉尔经常教导自己的下属："就算材料再多，也要把它们浓缩在一页纸里，这样才一目了然。"

面对这种要求，作为下属该有多么手足无措啊。在这么多材料中，应该挑出哪些部分呢？对于处在信息化时代的我们来说，从数不清的材料中筛选出重点内容，是我们每天都在面临的挑战。

报告材料的存在是为了做决策。所以，想要归纳出重点，首先得明确报告的目的。只有当我们明白应该向上司汇报什么内容的时候，才能将不恰当的部分删掉。虽然报告的种类多样，但它们大致包括以下 3 大步骤：

1. 陈述情况：情况是这样的。
2. 提出诉求：请您这样做。
3. 给出方案：我们可以这样做。

落实到具体内容上，面对不同情况，有的人会把这3大步骤放在一起阐述，也有的人会把它们分开阐述。为方便理解，我们先分别简要说明，后面再具体问题具体分析。

步骤1：陈述情况

在面对上司常问的"怎么回事"这一问题时，我们的回答应该是："情况是这样的。"回答的具体话术是：

情况是这样的。
存在这样的争议、诉求、结果、问题、讨论和调查结果等。
我们拟推进、购买、开会或再次协商等。

陈述情况的关键点是传达正确的信息。为了把信息准确且迅速地传达给对方，我们需要展示出一种"无技巧的技巧"。在以下两种表达方式中，后一种更能明确传达信息：

昨天发生了一件不得了的事！

vs.

昨天晚上，策划组有25人参与培训，学习了"写一页纸报告的7个技巧"。他们从7点一直学到9点，对课程的评价达到9.6分。

当你只顾着表达情绪，却没有告诉对方任何有效信息时，"无技巧的技巧"就可以帮你在"5W+H 分析法"[①]的基础上,简明扼要地把信息传达出来。

步骤 2:提出诉求

当被问及"你要我怎么做"时,我们的回答应该是:"请您这样做。"回答的具体话术是:

请您这样做。
请您同意再购入 X 个样品。
请您就选 A 还是选 B 的问题给出意见。
请您批准超额的预算。

提出诉求的关键点是以"请您这样做"的形式向上司表达自己的需求。也就是说,上司在听完报告之后,能够明白如何才能推进工作的落实。有很多下属的报告虽然讲得很精彩,但直到最后,上司也不明白下属究竟想要自己怎么做。因此,在以下两种提出诉求的方式中,后者比前者的表达更清晰:

如果您这样做,可能比较好一些。

vs.

为推进工作的落实,请您批准在 3 周内再购买一些样品。

[①] 5W+H 分析法,即对选定的项目要从何因(Why)、何事(What)、何地(Where)、何时(When)、何人(Who)、何法(How)6 个方面提出问题并进行分析。——编者注

给出方案的关键点在于，如果能在报告中明确地说明需求，那么在沟通过程中，对方就能在脑海中简要勾勒出自己应该做些什么，从而尽快推动工作落实。

步骤 3：给出方案

当上司向我们提出"你想一下该怎么做"时，我们的回答应该是："我们可以这样做。"回答的具体话术是：

> 我们可以这样做。
> 问题就出在这里，我们试试这样做。
> 这样做如何？

给出方案的关键点是总结问题，以达到说服上司的目的。只有说服上司，让他明白我们这样做的原因，才能进入提案阶段。

此外，我们应该向上司传达明确的提案和行动计划。当然，有些人经常会产生消极的想法，比如，"反正我即使提了意见，你也还是会按照自己的想法来"，或者是，"如果我把方案提出来，那不就变成我自己的事了吗"。

于是他们故意只传达信息，把自己当作一名"信使"。但我认为，如果想提高自己的策划水平，就必须锻炼自己做提案报告的能力。

总的来说，为避免自己写出来的内容七零八落、没有重点，在写报告之前，必须明确报告目的，反复确认自己最终想要表达什么，并删去与目的无关的内容。

当我们被要求用一句话总结报告内容的时候,单纯将篇幅缩短的方法并不可取。以前文提到的基于报告目的的 3 大步骤为例,我们应该根据报告目的进行总结:

1. 陈述情况:用一句话精准回答对方的问题。
2. 提出诉求:用一句话明确提出自己的诉求。
3. 给出方案:用一句话清晰陈述自己的方案。

———— 一页纸总结

基于报告目的的 3 大步骤

1. 陈述情况:情况是这样的。
例:《策划的定式》200 册已出库(2018 年 12 月 25 日)。
关键点:为了便于对方理解,应传达明确的信息。

2. 提出诉求:请您这样做。
例:请您批准在一周之内再购入 100 册《策划的定式》。
关键点:为了让对方在阅读报告之后可以马上落实工作,应提出明确的行动计划。

3. 给出方案:我们可以这样做。
例:为促进企业经营者的发展,建议每人写一份报告。
关键点:说服对方,让对方对问题感同身受,并给出明确的行动计划。

用"三问法"抓住重点

很多人认为归纳重点很难，原因就在于报告者和接收者对重点的定义往往各有不同。站在报告者的角度来看，重点就是他所要表达的内容的核心部分，而接收者对此却并不一定感兴趣，只想尽快听到报告者简短回答自己的问题。也就是说，站在接收者的角度来看，重点是对自己感兴趣的问题的回答。如果他没有听到这部分内容，就会认为报告者没有抓住重点。那么，报告者该如何针对接收者的问题归纳重点呢？下面我将分享一个秘诀，它就是三问法：

1. 归纳结论：What first
   - So What?   → Why so?   → How?
   - 结论是什么？ → 有什么依据？ → 怎么做？
2. 归纳要点：2What
   - What?   → So What?
   - 什么？ → 那是什么意思？
3. 归纳方案：3W
   - Why?   → Why so?   → What?
   - 为什么？ → 那是为什么？ → 所以呢？

如果把使用三问法归纳技巧逐渐培养成一种习惯，那么我们无论面对多长的文章，都能轻松归纳出重点。毫无头绪的报告会引起接收者的反感，如果一而再、再而三地发生此类状况，只会让客户、上司和同事一想起这个报告者就产生抵触情绪。与之相反，使用三问法的报告者会给接收者留下一种简明干练的印象。三问法如图 2-1 所示。

第 2 章　归纳重点，通过 3 大提问法换位思考

归纳重点的秘诀：三问法

1. 归纳结论：What first

So What?　　→ Why so?　　→ How?
结论是什么?　→ 有什么依据?　→ 怎么做?

```
        结论
      结论是什么？
    ⤺        ⤻         + 诉求/落实
      依据              怎么做？
    有什么依据？
```

2. 归纳要点：2What

What?　　→ So What?
什么?　　→ 那是什么意思?

```
  ┌─────┐         ┌─────┐
  │结论/ │ ──────▶ │方案/ │
  │现象  │         │诉求  │
  └─────┘         └─────┘
   什么?           所以呢?
  什么情况?       那是什么意思?
                你到底想表达什么?
```

3. 归纳方案：3W

Why?　　→ Why so?　　→ What?
为什么?　→ 那是为什么?　→ 所以呢?

```
  ┌────┐     ┌────┐     ┌────┐
  │问题│ ──▶│原因/│◀── │方案│
  │    │    │重点 │     │    │
  └────┘     └────┘     └────┘
  为什么?   那是为什么?   所以呢?
```

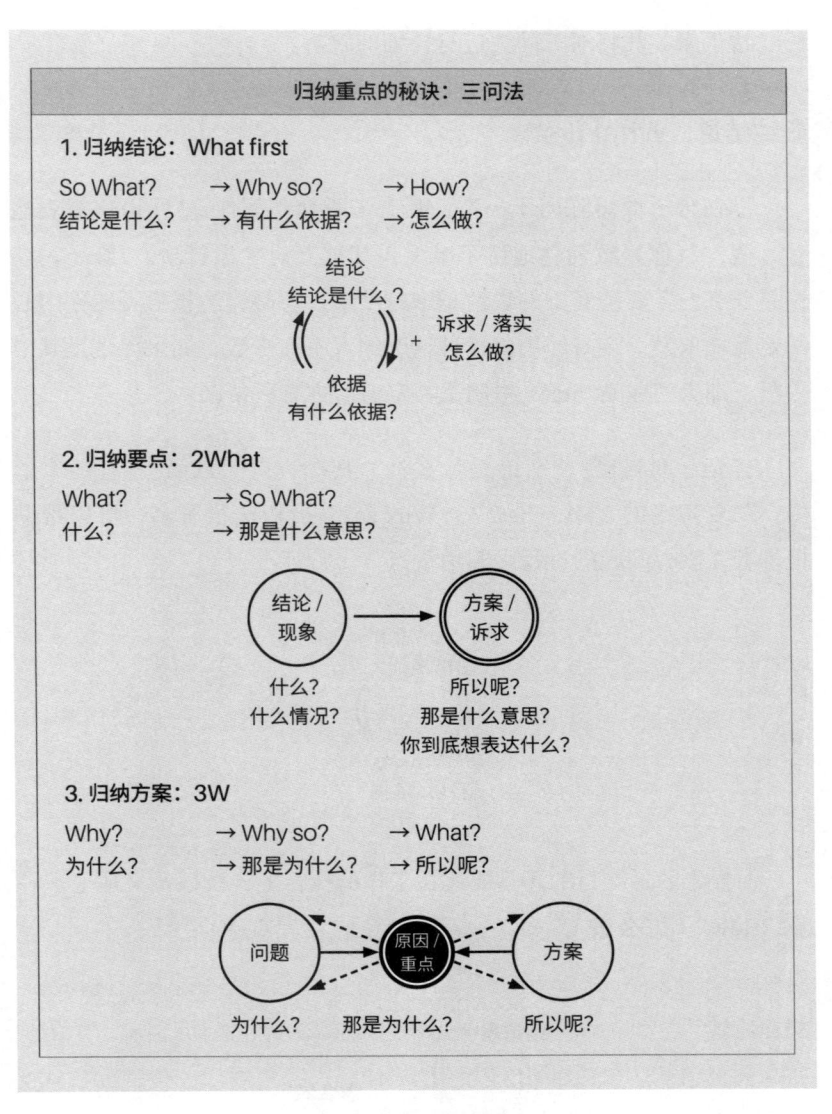

图 2-1　三问法示意图

接下来，我将对三问法进行详细的解析。

归纳结论：What first

你在台上慷慨陈词了一番，到头来听众却问你："所以你想表达什么呢？"你兴致勃勃地讲了半天，却被上司中途打断："好了，结论是什么？"看着对方的表情越来越严肃，想必作为报告者的你内心一定无比煎熬。亲身经历过这种情况的人不在少数，如果你也是其中一员，那么"What first"提问法一定会对你有所帮助。

首先，问自己："结论是什么？"其次，再问自己："有什么依据？"麦肯锡的"So What? ⟷ Why so？"分析法很有名，可以帮助报告者在刨根问底的过程中归纳重点。

So What
结论是什么？
⟮ ⟯
Why so
有什么依据？

但报告的最终目的还是要落在工作的执行上，所以我又加上了一个"How"（怎么做）。

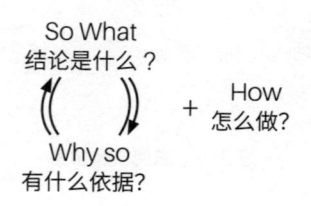

So What
结论是什么？
⟮ ⟯ ＋ How
怎么做？
Why so
有什么依据？

第 2 章　归纳重点，通过 3 大提问法换位思考

以上就是"What first"提问法的基本框架。在不同类型的报告中，术语和表达需要稍微做出一些调整。为加深理解，让我们一起来欣赏韩国歌手尹钟信那首《好吗》的歌词。这首歌把前男友的情绪淋漓尽致地表现了出来，令我感受到了一种强烈的共鸣。我们可以一边分析这首歌的歌词，一边了解"What first"提问法的用法和优点：

好吗

［韩］尹钟信

现在还好吗？我们曾经很辛苦。
我们的结局也不过是分别而已，
我们太累了。
偶尔会从别人那里听说你过得很好，
遇见了一个很好的人，
过得很好，
为何偏偏要让我知道。

挺好的，你应该受不了了吧，
那种空虚感。
你好吗？在爱情刚刚降临的时候，
你是多么漂亮啊。
那模样我至今都无法忘却。
无法挣脱，
听到你的消息时我更是如此。

你好吗？其实我希望你和他相处不来，
希望你会有点难过，
哪怕只是我的十分之一。
我很心痛，你要幸福。

可能是委屈吧，只有我这么难过。
只有我崩溃了吗？
不过是一次恋爱，只有我变成了这个样子。
太复杂了，明明是那么渴望幸福，
没想这么快又陷入思念。

你好吗？在爱情刚刚降临的时候，
你是多么漂亮啊。
那模样我至今都无法忘却，
无法挣脱，
听到你的消息时我更是如此。

你好吗？其实我希望你和他相处不来，
希望你会有点难过，
哪怕只是我的十分之一。
我很心痛，你要幸福。
如果你有那么一刻想起我，
也问问我过得怎么样吧。

大家都会说我过得还不错，
因为他们都知道我过得还可以，

第 2 章　归纳重点，通过 3 大提问法换位思考

因为那不值一提的自尊心，
　假装自己过得非常好，
　假装自己活得很潇洒。

　好吗？真的好吗？
　回忆的份量，刚好还能被遗忘
　我只不过是你不爱了的，
　那个小心眼儿前男友。
　只是那纵然漫长却终究错过的爱。

我特意举了这个比较特别的例子。整段歌词篇幅很长且充满情感，就像是在凌晨两点，以前男友的口吻写下的。这毋庸置疑是首优秀的歌，但这种表达方式并不适用于报告。但问题就在于，用这种充满感情的口吻，长篇大论地进行汇报或是写报告的员工不在少数，我之前也是如此。所以，当我们想要表达很多内容时，就有必要通过"What first"提问法来归纳重点。让我们一起来分析一下，《好吗》这首歌究竟想要表达什么意思：

1. 结论是什么？结论是："希望你会有点难过，哪怕只是我的十分之一。"
2. 有什么依据？依据是："可能是委屈吧，只有我这么难过。"
3. 怎么做？这样做："如果你有那么一刻想起我，也问问我过得怎么样吧。"

我们可以归纳出 3 个重点：

019

1. 结论：希望你会有点难过（难过程度是我的十分之一）。
2. 依据：因为只有我自己这么难过，我感到很委屈。
3. 诉求/落实：希望你问问我过得好不好。

这样一来，用3句话就能归纳出歌词重点。如果在职场中，建议再给重点加上一个期限（到何时为止）。

事实上，概括一段冗长的文章、发言或一段丰富的感情历程并非易事。但在回答问题的过程中，报告者的总结能力也会逐渐得到提升。最近，通过邮件做报告的人越来越多，我们也可以想象一下怎样用邮件进行表达。

如果邮件的开头写得像歌词一样长，那么就不会有人看，也不会有人读。但如果一个人经常用"What first"提问法进行练习，他可能会像图2-2中那样写邮件。

试着把上述邮件看成一份前任在凌晨两点写给你的报告。如果你在做报告时经常听对方问你："你到底是什么意思？你的诉求究竟是什么？你希望我听到什么？"这个练习将给你带来很大帮助。

近年来，受互联网冲击，以秒为计量单位的视频大受欢迎，人们已经很难静下心来去看、去听一个长长的故事。人们在听取报告时，注意力也变得越来越差（如果报告者的发言时间稍微长一点，马上就会有听众开始刷手机）。假如你不想别人一边打着哈欠，一边听你发言，就请参考以下报告模式：

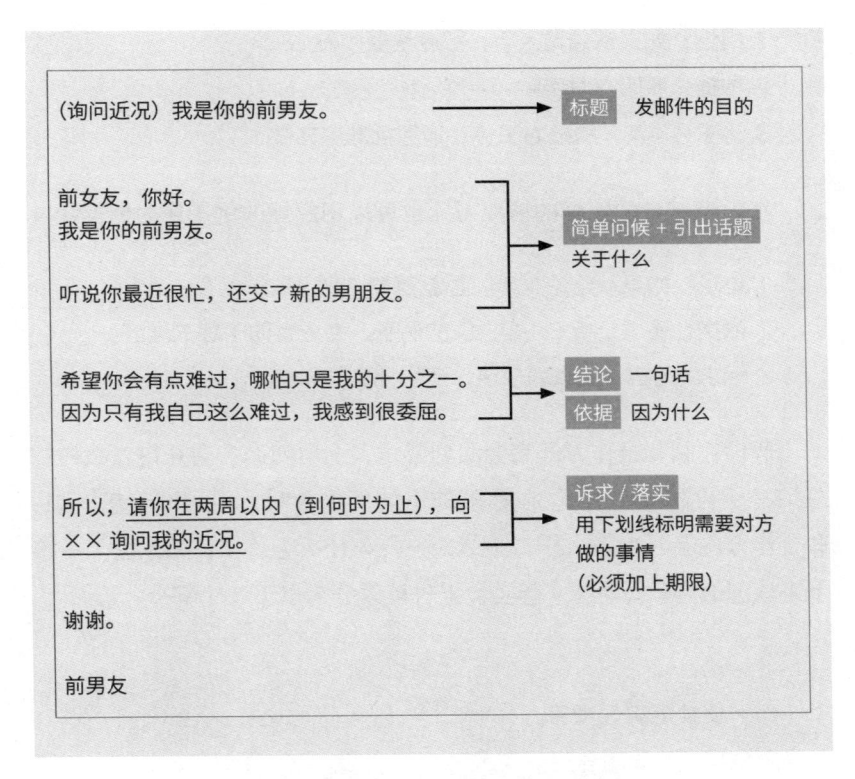

```
┌─────────────────────────────────────────────────────────────┐
│                                                             │
│  (询问近况) 我是你的前男友。 ─────────→  标题  发邮件的目的     │
│                                                             │
│                                                             │
│  前女友，你好。              ┐                               │
│  我是你的前男友。             │                               │
│                              ├──→ 简单问候 + 引出话题         │
│                              │    关于什么                   │
│  听说你最近很忙，还交了新的男朋友。┘                          │
│                                                             │
│                                                             │
│  希望你会有点难过，哪怕只是我的十分之一。┐─→ 结论  一句话      │
│  因为只有我自己这么难过，我感到很委屈。 ┘   依据  因为什么     │
│                                                             │
│                                                             │
│  所以，请你在两周以内（到何时为止），向 ┐   诉求/落实          │
│  ×× 询问我的近况。                     ├─→ 用下划线标明需要对方│
│                                        │   做的事情           │
│                                        ┘  （必须加上期限）    │
│                                                             │
│  谢谢。                                                      │
│                                                             │
│  前男友                                                      │
│                                                             │
└─────────────────────────────────────────────────────────────┘
```

图 2-2　在邮件中运用 "What first" 提问法

"结论是什么？""有什么依据？""怎么做？"想必在座的各位都对这 3 个问题感兴趣，那么我就简单总结一下。首先，从结论开始分析……

作为一名听众，听到上述报告以后心里该有多舒坦。有些报告者喜欢一直拖着时间把结论放到最后才说，这样虽然可能会说服听众，但如果报告者先提出结论，反而会激发听众的好奇心，让听众对结论的依据产生兴趣。综上所述，报告可以分为以下 3 个部分：

1. 结论：如果从结论入手，那就是要"做 A"。
2. 依据：原因有 3 点。
3. 诉求 / 落实：所以为了 A，请您批准这样做。

在没有定量的依据的情况下，也可采用定性的例子作为依据：

1. 结论：如果从结论入手，那就是要"做 A"。
2. 依据：通过分析 B、C、D 的例子，会更有助于您的理解。
3. 诉求 / 落实：所以为了 A，请您批准这样做。

假设你刚和合作方开完会回到公司，上司问你："会开得怎么样？总结一下再跟我汇报。"在你不知道如何报告时，不妨试着想一想：和合作方的会开得怎么样？（结论）→为什么会这样？（依据）→接下来该怎么办？（诉求 / 落实）报告可以分为以下 3 个部分：

1. 结论：
   - 继续落实 S 项目。
2. 依据（具体内容）：
   - 在预算上，自家公司占据优势（是 C 公司的 90%），故合作方选择自家公司，但希望更改日程安排。
   - 待日程安排妥当后再落实项目。
3. 诉求 / 落实：
   - 在制订 S 项目的具体落实计划书后召开会议（两周之内）。
   - 希望在组内召开关于更改日程安排的会议。

前文介绍了从结论着手的报告方法。但如果你是在对方提出某一问题或谈论某个话题之后,隔了一段时间才开始就其内容做报告,那么与其贸然地从结论开始阐述"我打算这样做",不如以"上次您提到了这个问题"为引子,引导对方想起自己说过的问题,然后再继续说明你的观点:

1. 对方的问题或话题:上次您提到了这个问题。
2. 结论:我打算这样做。
3. 依据:我调查了一下,依据有 A、B、C。
4. 诉求 / 落实:如果可以,我想这样落实工作。

一页纸总结

关于归纳重点的练习 1

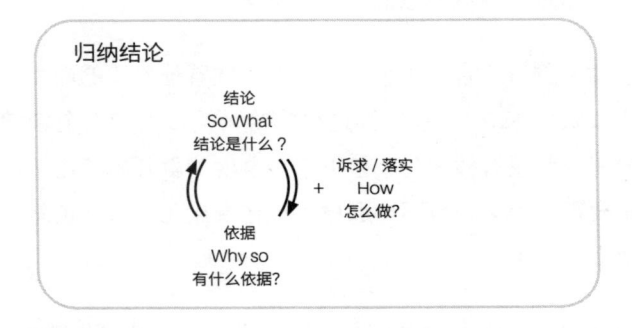

归纳结论

结论
So What
结论是什么?

依据
Why so
有什么依据?

+ 诉求 / 落实
How
怎么做?

结论是什么?　　　　　　结论:So What?
有什么依据?　　　　　　依据:Why so?
怎么做?　　　　　　　　诉求 / 落实:How?

一定要从结论开始阐述。
一边提问一边总结。

从结论着手固然重要，但如果想让自己的结论更抓人眼球，论述依据的重要性同样不可小觑。无论听到什么提案，对方都会本能地去想"为什么"。即使报告者不去想"为什么"（依据），公司最终也需要一份合理的报告，解释"为什么要做出那个决策"。因此，我建议你养成一种"根据结论思考依据"的习惯，想一想为什么要花这笔钱、为什么必须是这名成员、为什么要这样做而不是那样做等问题。

归纳要点：2What

你是否遇到过下列情况？虽然你是报告者，但就连你自己都不知道自己在说什么；对方说了一大堆，你却不明白他想表达什么；有些人唠叨半天，你却抓不到任何要点。"2What"提问法就能预防这些情况发生，帮助你总结要点。

我和丈夫都喜欢吉他手金度均，有一次看他出演的电视节目《黄金渔场》(*Radio Star*)，我俩被逗得哈哈大笑。主持人金希澈问金度均："您家里依然很有钱吗？"接下来，金度均就开始了他的回答："倒也不一定要那么说……也不是那样，现在有点儿……反正怎么说的都有，但那个……现在……"

另一名主持人金九拉在一旁听了半天，终于开口打断道："您是什么意思啊？"一听这话，金度均立马变得有些手足无措，他尴尬地回答道："不算是大富豪。"

这一幕击中了我和丈夫的笑点，因为金度均的表达方式和我以前很像。"虽然有钱，但有可能不是你想象中的那种有钱""虽然有钱，但不太好讲出来……"或许是为了表达出内心复杂的想法，金度均越解释越多。

我也不是那种说话干脆的人，脑子里的想法总是模棱两可，这就导致有时候连我自己都不知道自己在说什么。每当我滔滔不绝的时候，丈夫就会问："你到底想表达什么？"我总是一边哈哈大笑，一边重新组织语言，告诉他"我想表达的就是……"。渐渐地，我养成了用"我想表达的就是……"的方式进行总结的习惯，不再想到哪就说到哪，而是把要点归纳出来。

我和丈夫是金度均的粉丝，这一点无法否认，但如果我是他的上司，应该会比较痛苦，因为我要经常问他："你到底想表达什么？"长此以往，报告者的心里也不好受，自己明明都说了，对方却还要反问。所以，不妨在做正式报告前问自己：什么？→ 那是什么意思？

What → So What

什么？
什么情况？

所以呢？
那是什么意思？
你到底想表达什么？

"2What"提问法在用来阐述情况的报告中尤其见效。没有经验的报告者只会乱七八糟地罗列出一堆情况，让听众满头雾水，不由反问："所以呢？"为了摆脱这一窘境，报告者可以用"2What"提问法来了解情况是怎样的，应该怎样做。比如，按照以下方式提问：什么情况？→ 所以你想让我做什么？

一页纸高效沟通法　한 장 보고서의 정석

为了更清晰地理解"2What"提问法，我们来欣赏一下韩国男团消防车组合的《昨夜的故事》的歌词：

昨夜的故事

［韩］消防车组合

昨夜我开始憎恨你，
昨夜我开始讨厌你。
望着那闪耀着的灯光，
我独自黯然神伤。

每当我的朋友们牵着你的手跳舞，
你怎么就看不见我痛苦的模样？
昨夜的派对上我太过孤单，
就算把整个世界都给我，
也无法取代你的位置。
为何你不明白呢？

昨夜我开始憎恨你，
昨夜我开始讨厌你。
一刻不停的音乐声，
我一直等它结束。
我独自黯然神伤。

针对这一段长长的歌词，我们开始分析：

1. 什么情况？情况是这样的："昨夜我开始憎恨你。"

2. 所以你想让我做什么？我想让你这样做："为何你不明白（我的心）呢？"（了解一下我的内心吧。）

我们可以将上述内容归纳如下：

1. 结论 / 现象：昨夜我开始憎恨你。
2. 方案 / 诉求：希望你了解一下我的内心。（如果是写报告，还应加上期限，即"到何时为止"。）

这就是"2What"提问法。以《昨夜的故事》这首歌为例，"我开始憎恨你"是现象，接下来就应该提出诉求，即想让对方怎么做，这样才能避免仅仅止步于自己的一番感伤，落实到执行阶段。

我们用韩国歌手金海率的《拿出来吃》的歌词再做一次练习吧。这首歌可真是充满了浓情蜜意：

拿出来吃
［韩］金海率

你好，不容易吧？挺忙碌的吧？
想知道，
为什么要做到这种地步吧？
想要的，
非常多吧？
（当然了。）
想休息吧？
很吵闹吧？

一页纸高效沟通法　한 장 보고서의 정석

都很烦人吧？
想回家吧？
（即使就在家，）
你应该也想回家。

每当这时，请把这首歌，
像巧克力一样，拿出来吃吧。
就算很疲惫，也要记得吃早餐和午餐。
你这样做的话，我一会儿就夸夸你。

这首歌的歌词真是十分甜蜜。这么优秀的歌词是怎么编出来的呢？如果想把它转化成一份报告，首先就要提炼歌词内容，归纳重点。歌词要表达的内容如下：

1. 什么情况？情况是："痛苦的情况。"有几种痛苦的情况？共有："8种情况。"
2. 所以你想让我做什么？我想让你："每当这时，请把这首歌拿出来吃吧。"

歌词要表达的内容可以归纳如下：

1. 结论/现象：下列8种痛苦的情况。
   - 不容易的时候。
   - 忙碌的时候。
   - 自我怀疑的时候（为什么要做到这种地步）。
   - 想要的东西非常多的时候。

- 想休息的时候。
- 外界很吵闹的时候。
- 事情很烦人的时候。
- 想回家的时候。

2. 方案 / 诉求：把这首歌拿出来吃吧。

如果觉得 8 种情况太多，可以将其分成两类，一类是内心的困境（内因），另一类是外部的困境（外因）：

1. 结论 / 现象：下列两种困境。
   - 内心：在感到不容易、自我怀疑、想休息、想回家的时候。
   - 外部：在忙碌、自己要求多、外界吵闹、事情烦人的情况下。

2. 方案 / 诉求：把这首歌拿出来吃吧（到何时为止）。

偶尔我在做报告时，会假设自己正在发电报。在人们通过电报交流的年代，发电报都是根据字数来计算费用的。因此，为了省钱，人们都会尽可能用最短的语句进行交流。假设我需要把一个消息通过电报告诉远在国外的某个人，消息的内容大致是"某某去世，两日内回国"。

按照平时唠唠叨叨的习惯叙述，表达方式可能就会变成"你挺忙的吧，今天的天气有些阴沉……"。如果照这样说下去，就得花上一大笔钱了。现在不是拉家常的时候，只能说重点。那应该怎么写电报呢？让我们开始分析：

1.什么情况？情况是："某某去世。"
2.所以你想让我做什么？我想让你："两日内回国。"

"某某去世，两日内回国。"这样发电报怎么样？

假设只给对方发去"某某去世"的电报，那么不同的收信人对于"所以你想让我做什么？"的理解可能会产生偏差。有的人会想，别人未必欢迎我回国，倒不如不回去，在心里表达缅怀之情。每个人对于这句话的理解都是不同的。

在这种情况下，即便补充道"不是，当然得来了，为什么不来"也无济于事。如果你想得到某个结果，就应该明确地表达出来。换言之，如果你希望对方回来，那就应该写"回国"。一旦你养成了这样良好的沟通习惯，在工作中也会事半功倍，减少误会，更容易得到自己想要的结果。

举个例子，你通知 A 说："明天有个会议。"可到了第二天，A 虽然出席了会议却一言不发，只是呆呆地坐在那里。于是，你问 A："你没整理出一份关于这个项目的报告吗？" A 却回答："嗯？我没有，应该整理一份吗？我以为今天的会议只需要旁听就行了。"为避免双方因思考方式不同而产生的误会，我们可以用"2What"提问法归纳要点（见表 2-1）。

表 2-1　用"2What"提问法归纳通知要点

结论 / 现象	方案 / 诉求
明天有一个关于 A 项目的会议	希望每个人围绕 A 项目整理出一份一页纸报告

当你向上司汇报"工厂那边没法按时交付"时，上司可能会想："所以你想让我做什么？诉求是什么？"他会就此产生多种理解：

- 诉求 1：你想要我和工厂进行协商吗？
- 诉求 2：你想自己去和工厂协商吗？
- 诉求 3：你想去确认客户公司还有没有多余的时间吗？

在这种情况下，我们应该通过"2What"提问法告诉上司自己的诉求或计划。否则只会引起对方的误会。

同理，当对方让你汇报近期的流行趋势时，假如你只是罗列出 5 种趋势，那么你的报告里只有结论/现象，对方自然也就不明白你的诉求。所以，最好把"2What"提问法应用其中（见表 2-2）。

表 2-2 用"2What"提问法归纳诉求

结论/现象	→	方案/诉求
分析最近流行的 5 种趋势	→	有哪些方面的趋势适合我们（尽可能用一句话概括现象）

最没有说服力的报告就是只罗列一大堆现象却没有诉求和要点，这样对方既听不进去，也记不住。只有表明诉求和要点，才能推动工作的落实，也便于对方理解。所以，我一直都努力用"2What"提问法归纳要点。当我意识到自己说得太多太杂时，我就会用一句话来总结："所以我想说的就是……"

一页纸总结

关于归纳重点的练习 2

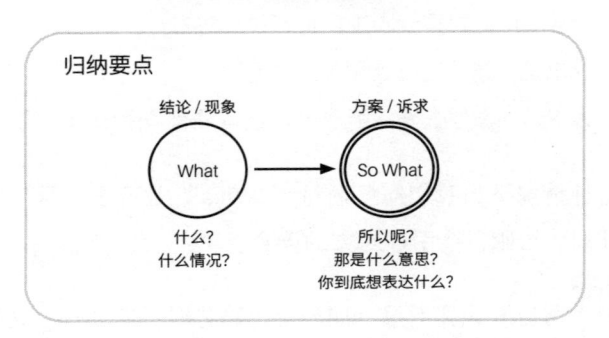

归纳要点

结论/现象 → 方案/诉求

What → So What

什么？   所以呢？
什么情况？ 那是什么意思？
           你到底想表达什么？

什么？   结论/现象：What？
所以呢？   方案/诉求：So What？

表明诉求，人们才能理解报告，工作才能落实。
一边提问一边总结。

归纳方案：3W

"3W"提问法适用于整理方案的阶段。有效提出方案很难，因为接收方案的人总有一种"我为什么要听这个方案"的想法。因此，与其一上来就从方案开始讲起，不如先解决对方的疑问，然后再逐步加深对方的理解，最后过渡到方案。

韩国的梧露洒①广告是一个很典型的例子。广告中没有单刀直入

---

① 梧露洒，即熊去氧胆酸胶囊，韩国大熊制药生产的一款治疗胆固醇性胆结石的处方药。——译者注

第 2 章　　归纳重点，通过 3 大提问法换位思考

地提出方案："吃梧露洒吧！"而是先从疲劳感切入："累了吧？"然后循序渐进："嗯……好累啊。"再给出说明："这种疲劳感都是由肝脏引起的。"这样一来，观众即便不会恍然大悟，也会稍微表示理解，"真的吗？是因为这回事吗？是肝脏引起的吗？"这时如果提出方案："吃梧露洒吧，它能清除肝脏里的垃圾。"哪怕观众的反应达不到"嗯，我去吃吃看"这种程度，也可能会想："我得试一下这个吗？"至于购买，则涉及另外的问题了（梧露洒属于处方药，须凭处方药师审核后方可购买）。本章的核心在于"归纳重点"，所以这个例子还是十分贴切的。

为什么说它贴切呢？因为这个广告可以加深观众对梧露洒的印象。我们每天都在看大量广告，却没办法将所有广告词都记下来。但受到这个广告的影响，当韩国人听到"好累啊，这是什么引起的呢"的时候，哪怕说这句话的人只是开玩笑，大部分听到这句话的韩国人都会脱口而出："都是由肝脏引起的。""3W"提问法可以简单明了地归纳出广告重点：

1. 问题：累了吧？
2. 原因／重点：这是由肝脏引起的。
3. 方案：吃梧露洒吧。

梧露洒已经有 60 多年历史了，可以想象厂商有好多话想对消费者说。不过，说得多并不代表产品能被消费者记住，所以，必须归纳出令人印象深刻的信息。那么，我们该如何归纳出这些信息呢？首先指出问题，与观众建立起联系，让观众意识到："这说的是我啊。"然后解释原因，让观众理解："因为那个吗？"最后提出方案，让观众

033

信服:"应该那样做吗?"这样总结起来既简洁,又能加深印象:

1. 问题:为什么?
2. 原因/重点:那是为什么?
3. 方案:所以呢?

接下来,让我们试着用"3W"提问法来归纳一段歌词。这是一首在韩国脍炙人口的歌曲,曾让无数人动容。它就是李素罗的《起风了》,其歌词曾被诗人评选为韩国"最美歌词":

起风了
[韩]李素罗

起风了,我悲伤的心里,吹来了一片空荡荡的风景。
剪短了头发,走在回家的路上,
久久含在眼眶里的泪终如雨下。

天空被打湿了,
昏暗的街上,冰冷的雨滴落了下来。
穿过人群蜂拥而至的雨,
仿佛离我很远,仿佛已经停了。

这世界一如昨日,时间仍在流逝。
只有我不再是从前的那个我。
我那随风而逝、虚无缥缈的愿望,
心碎地消失了。

起风了，刺骨的寒意里，时光倒转。
夏末，你的背影，那样冷漠。
我好像懂了。
那些对我弥足珍贵的日子，那些我夜不能寐的日子，
于你而言和现在并无不同。
人们都说爱情是悲剧，你不适合我。
回忆里，写下不同的剧情。

我的别离，连一句"再见吧"这样的问候也没有。
这世界一如昨日，时间仍在流逝。
只有我不再是从前的那个我。
我脑海中保留着那价值千金的回忆。
头顶起风了，
眼泪也落了下来。

这是一段极其感性的歌词，我们理性地归纳其重点或许不太合适，但为了练习"3W"提问法，我们还是试一试吧：

1. 问题：充满着悲剧色彩的爱情。（不想分手但还是分开了。）
2. 原因/重点：你不适合我。（两个人对爱情的投入程度不同。）
3. 方案：？

歌词中没有提到方案。这很自然，因为这本就是个无解的问题。从艺术性的角度来看，这段歌词相当优秀，但从工作的角度来看，我们就需要寻找方案来填补空白了。一个框架最大的优点不在于它本身，而在于我们可以通过它找到欠缺之处，进而开动脑筋去弥补这个缺陷。

035

"3W"提问法让我发生了天翻地覆的变化。我是一个很感性的人，换作以前的我，如果早上选错了一首歌，一整天的心情就会被破坏掉；如果别人问了我一个问题，我就会像前面的金度均一样，想到哪儿说到哪儿，东拉西扯没有重点。这种性格让我在上司那里一次又一次地碰壁，但也给我提供了练习"3W"提问法的机会。在一次次实战中，我逐渐能够有意识地只把重点信息筛选出来，简要归纳并传达给对方。

现在，让我们再做一次归纳练习。这次的练习对象是一首前奏一响起就能让人陷入陶醉的歌曲，它就是韩国歌手金建模的《爱情离开了》，这首歌讲述了一段曲折的爱情故事：

爱情离开了
［韩］金建模

爱情离开了，再一次从我身边离开了。
这一次很严重，爱情成了过去式。
是不是想要的太多了？
是不是太贪婪了？

太虚无了，我是真心对你好的。
爱情有什么错？我只爱你。
不要装作不知道，忘不掉的。
为什么要离开我？

我只要你，我幻想着结局。
真的是第一次，这激动的心情。

我只爱你，我会想念的。
求你回来吧！

无论何时，我都想对你说：
请睁开眼吧，面对我那真心之爱。
我一直都只望着你，等着你。
我没有信心独处。

我想起那句话：神已消逝。
即便如此我也要祈祷，祈祷你回到我身边。
在那深深的悲伤之中，你去哪了？
求你来守护我。

这究竟是第几次爱情离我而去了？
虽然再爱一次会忘掉悲伤，
但这次不同，我忘不掉你。
我只要你。

即便我这样祈祷，
爱情还是不在了。

唉，这真是一段悲伤的歌词，也是一段优秀的歌词，写得如此直击人心。从歌词内容可以推断，爱人离歌手而去的原因是歌手想要的太多，令爱人感到了痛苦。让我们平复一下心情，把它归纳成以下3个要点吧：

1. 为什么？因为："爱情离开了。"

2. 那是为什么？因为："是不是想要的太多了？是不是太贪婪了？"
3. 所以呢？所以："（不要那么多了）求你回来吧。"

我们可以将以上要点归纳成报告：

1. 问题：分手。
2. 原因／重点：想要的太多了。
3. 方案：（不要那么多了）希望你回来。

当然这里归纳的只是歌词内容。有的人觉得分手的理由都是借口，归根结底就是不爱了。所以我们也可以这样归纳：

1. 问题：分手。
2. 原因／重点：不爱了。
3. 方案：？

如果对方不爱了，那么自己说再多也无济于事。根据上述练习，我们可以总结出两点。第一，在很多情况下，无论原因有多么正确，如果这个原因是不可控的，那就无法过渡到方案上，也就无法写进报告里。这时，报告者就应该寻找可以用以应对的另一种原因。第二，即便面对同一个案例，不同的人也会归纳出完全不同的内容。为了能准确地分析出实质性问题和原因，并给出方案，我们要通过不间断的练习来培养自己的洞察力。

那么，可以用"3W"提问法来归纳废话吗？假设我是一个新手妈妈，面对孩子经常呕吐的情况，我感到特别揪心。想象一下我是如何把这个情况告诉朋友的：

第 2 章　归纳重点，通过 3 大提问法换位思考

最让我难受的就是孩子呕吐了。喝奶粉的时候吐，喝完奶粉之后还是吐……孩子容易吐奶是因为他的贲门括约肌松弛，所以喝奶后应该轻轻拍打孩子的后背，辅助他打嗝。但有时候孩子就算打嗝了也会吐，看着他可怜的样子，我可太难受了。

昨天，孩子翻来覆去地睡不好觉，一直在哭闹，然后又吐了。是因为肠胃不好吗？到底是为什么睡着睡着就吐了，为什么睡不着觉呢？哎哟。（到目前为止都在不停地抱怨，有很多时候，人们比这抱怨得还要久。）所以我就打听了一下（终于开始进入正题了），这是因为孩子的肠胃还没有发育好。孩子因为肠胃不舒服，所以经常呕吐；因为肠胃不舒服，所以睡不着觉；因为肠胃不舒服，所以才哭闹成那样。虽然我猜呕吐可能是肠胃不舒服引起的，但我不知道原来睡不着觉和频繁哭闹，也是由肠胃不舒服导致的。有人说过，在新生儿的喂养过程中，家长有 90% 的时间都在与孩子尚未发育成熟的肠胃做斗争。孩子好好打嗝，才能少吐一些，才不会哭闹，才能睡得更沉一些。

所以说，不能辅助孩子打完一次嗝就完事了，而是要维持拍嗝 10～20 分钟，一直辅助孩子打嗝。但大多数人都只做了一次而已。还有一个特别让人难受的事……孩子在喝奶的时候很容易睡着。但也不能因为孩子睡着就不辅助他打嗝了。不过，让睡梦中的孩子打嗝也并非易事。所以我查了一下，在孩子睡着的时候，家长应该站起来抱着孩子走一走，这样就容易让孩子把嗝打出来了。

039

面对这番长篇大论的抱怨,在倾听者问出"你想说什么"之前,让我们用"3W"提问法来归纳一下这段话的核心含义:

1. 问题:呕吐频繁、睡眠浅、无缘无故哭闹。
2. 原因/重点:孩子的肠胃尚未发育成熟。
    - 形成恶性循环——肠胃不舒服导致孩子频繁呕吐、无法进入深度睡眠、不停哭闹。
3. 方案:帮助肠胃尚未发育成熟的孩子打嗝的两种方法。
    - 家长至少要拍打10分钟来促进孩子消化。
    - 在孩子睡着的时候,家长抱着孩子一边走一边辅助其打嗝。

通过前后对比可以发现,"3W"提问法改变了一个人说话和写文章的方式,有着立竿见影的效果。比起冗长的报告,练习过"3W"提问法的人做的报告条理清晰,更容易被理解。只有你的报告被认可了,你才有机会升职,才有机会做出成绩,不是吗?

可能正因为如此,莎士比亚才会说:"如果不想走霉运,那就好好说话吧!"

根据"3W"提问法,我们可以归纳出报告的基本框架:

1. 问题:不是存在这样的问题吗?
2. 原因/重点:其实是因为……
3. 方案:那就这样做吧。

如果是针对某现状寻找问题,再提出方案,我们可以将框架中的

"问题"调整成"现状":

1. 现状:现在不是有这个情况吗?
2. 原因 / 重点:其实存在以下问题……
3. 方案:那就这样做吧。

或者将"原因"调整为"重点":

1. 问题:现在不是有这样的情况吗?
2. 原因 / 重点:这个问题或现象的重点在于……
3. 方案:那就提出这个方案吧。

又或者可以进一步细化:

1. 汇报背景 / 汇报目的 / 讨论背景:最近有这样的热点问题 / 最近 A 部门或 B 客户有这样的诉求 / 最近得到了这样的指示。
2. 现状 / 问题:调查之后发现目前存在以下情况 / 问题……
3. 任务 / 对策 / 方案:所以我提议这样做。

在"3W"提问法中,"为什么"(Why)是报告者与接收者建立联系的环节。作为一名报告者,如果你一见到接收者就说:"你就做 B 吧!"对方当然不明白你是什么意思。所以建议按照以下方式展开对话:"我们上次不是讨论过 A 吗(汇报背景)?""嗯,怎么了?""我想了一下,这种情况(现状 / 问题)更适合用 B 来解决(方案)。"报告时,不要一上来就提出自己的方案,而是先让对方明白为什么要听你的报告。

通过和对方说"不是有这样的诉求／指示吗（汇报背景／目的）"或者"不是有这样的热点问题吗（讨论背景）"，你可以与对方快速建立起联系。

等到建立起联系之后，对方自然就会问你："所以呢？该怎么做？"这时，我们就可以顺势提出任务、对策或方案了。比如，面对某公司提出的某种需求，我们不要一开始就告诉对方我们公司打算怎样做，而应该像这样循序渐进：

1. 思考：思考怎样建立联系。
2. 讨论背景：贵司不是有这样的需求吗？（把需求归纳好以后再给对方看。）
3. 现状／问题：了解到贵司的需求后，我觉得这一部分贵司可能应付不来／贵司想要的可能是这个。
4. 方案：为了解决这个问题／满足贵司的需求，我提议这样做。
5. 落实：具体这样做。

当无法归纳出单一的问题或方案时，就需要逐一罗列问题，并针对每个问题提出相应的解决方案，具体如下：

1. 问题
   - 问题 1
   - 问题 2
   - 问题 3
2. 方案
   - 方案 1

- 方案 2
- 方案 3

在难以明确原因的情况下，我们可以对原因进行推测，逐一归纳，并提出对应的方案：

1. 问题：现在不是存在这样的问题吗？
2. 原因：推测有以下几种原因。
3. 方案：有以下应对/处理的方法（比较各方案的优缺点、推荐合适的方案）。

诺贝尔生理学或医学奖获得者彼得·杜赫提（Peter Doherty）曾说过："若想研究科学，就应该懂得如何写作。善于写作的人思路清晰，做起研究来也更厉害。"

如果把句中的"科学"换成其他领域，把"研究"换成"工作"，这句话还成立吗？比如说："若想做好某个领域的工作，就应该懂得如何写作。善于写作的人思路清晰，工作起来也更厉害。"

为什么报告必须通俗易懂？原因就在于报告的目的是落实工作。你的报告只有被理解了，工作才能得到落实；如果不被理解，工作就没办法落实。上司、同事、合作方只有充分理解了你的报告才能明白应该怎么做，工作如何落实。如果工作得不到落实，那么报告的辞藻无论多华丽都没有价值。所以，每当我做报告时，都会努力思考："为什么？那是为什么？所以呢？"

我们学习了用于归纳重点的三问法。如今，在韩国十几岁的青少年群体中流行着一个词语——"说明虫",用来形容那些"对某件事物进行说明的时候,讲话特别枯燥无味的人"。

我觉得用"虫"来形容人非常过分,但我会在工作的时候用"说明虫"这个词来警醒自己:反思我是不是一心只沉浸在自己的世界中,全然忽视了对方是否爱听或是否需要我的长篇大论、是否会感到很无聊。如果对方不喜欢长篇大论的报告模式,最正确的处理方式就是终结这种模式,不妨多练习三问法吧。希望经过练习后,每个人的报告都会变得简洁明了、条理清晰。

一页纸总结

关于归纳重点的练习 3

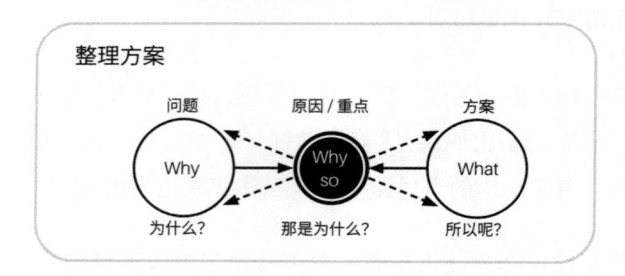

整理方案

问题　　　原因/重点　　　方案

Why —— Why so —— What

为什么?　　那是为什么?　　所以呢?

问题:Why?　　现象:Why?　　现象:Why?
原因:Why so?　问题:Why so?　重点:Why so?
方案:What?　　方案:What?　　方案:What?

一边提问一边总结。

한 장 보고서의 정석

일 잘하는 사람들만 아는 한 장 정리의 기술 3가지

第 3 章

调整顺序，8 种结构
让你脱颖而出

第 3 章　调整顺序，8 种结构让你脱颖而出

按照接收者感兴趣的顺序组织报告

在第 2 章，我们学到了用于归纳重点的三问法。在这一章，我们将探讨应该以怎样的结构将这些重点传达给对方。条理清晰、层次分明的报告当然要比冗长繁杂的报告更容易吸引人的注意（见图 3-1）。

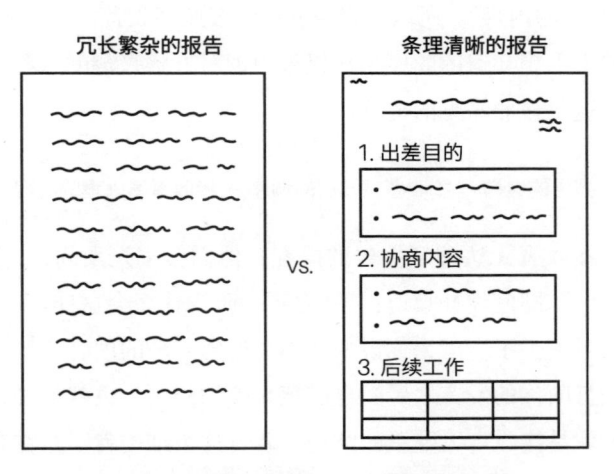

图 3-1　冗长繁杂的报告 vs. 条理清晰的报告

只有明白什么是报告，才能根据报告目的来确立结构。报告是名词，指用口头或书面的形式所做的陈述。报告包括以下内容：

1. 陈述什么：工作的内容或结果。
2. 如何陈述：以口头或书面的形式。
3. 为什么陈述：想通知接收者。

报告的目的是什么？在某种意义上，报告的目的就是"通知"。那如何体现报告的成果？如果接收者听懂了，就证明有成果；反之，则没有成果。报告者滔滔不绝地讲了半天，接收者却没听懂；报告者自以为讲得很明白了，对方却一头雾水……上述情况都是报告没有成果的表现。对于报告者而言，比起展现个人的聪明才智，让接收者理解报告内容才是最重要的。那么报告者应该通知对方什么内容呢？

当然是"对方感兴趣的内容"，而不是"报告者想写的内容"和"报告者知道的内容"。所以，报告者应该按照接收者（上司或其他听、看报告的人）想知道的顺序，在报告中把对方感兴趣的内容写出来或说出来。这是显而易见的道理。

报告的结构 = 接收者想知道的顺序 + 接收者感兴趣的内容

一旦接收者无法理解报告的内容，他们会率先发问："你到底想表达什么？"即使你补救道："请先听一听为什么会这样。"对方也不想再继续听下去了，因为你说的并不是他感兴趣的内容。所以他甚至会在直接打断你的发言之后问自己感兴趣的问题。也就是说，理想的报告结构就是接收者大脑里的结构，并且这个结构就隐藏在对方的问题中，即"问题 = 结构 = 报告的提纲"。

也许有人会问,我感兴趣的内容和对方感兴趣的内容之间真的存在如此大的差异吗?从海量的过往案例来看,答案是肯定的。例如,上司阅读《策划的定式》一书后,对员工提出了以下指令:"探讨要不要根据《策划的定式》展开培训。"

收到上司的指令之后,员工却不知道做这份报告时该从何下笔,于是习惯性地回到工位上开始上网搜索信息。尤其是那些习惯于通过网络来学习知识的年轻人,他们的这种倾向更严重。他们会先搜一搜《策划的定式》,感叹道:"原来还有这样的书,还有这种策划培训呢。"结果搜着搜着就逐渐偏离了主题,开始搜索别的培训:"还有别的培训呢。"

这时,学过相关知识或喜欢文书工作的人,会针对目前找到的策划培训进行一番对比分析,然后分类整理成表格。在整理的过程中,很多人会因为过于投入而忘记自己做表格的目的,沉浸在做表格的乐趣中。

重新调整好状态后,他们会觉得"培训一下应该也挺不错",就开始试着找一个切入点看看应该怎么做。于是,员工开始写报告。大多数人很有可能会按照自己工作的顺序来写,也就是利用搜索到的信息,编撰关于策划的"史诗"和"论文"。以下是他们的大纲:

1. 什么是策划?
2. 培训策划的方法论(分类总结)。
3. 培训策划的必要性。
4. 切入点。

当上司收到这份报告时会有什么反应呢？多半是："谁想知道什么是策划？！"

现在，让我们平复心情仔细想一想，上司感兴趣的内容究竟是什么。重新回顾上司的要求（问题），我们可以从中看出一些端倪。他的要求是："探讨要不要根据《策划的定式》展开培训。"

上司感兴趣的是"要不要做"。具体来讲，上司的潜台词就是："我没有时间和精力去搜集所有信息，然后再判断要不要做，你就代替我去做这些工作，试着做出一个合理的判断。"那么上司的问题是什么呢？应当是："先不提其他事，告诉我做还是不做？怎么做？"

首先，员工需要给出答案："应该做。"因此员工不应该从"什么是策划"着手，而应该先表态："我们应该根据《策划的定式》展开培训！"因此，需要在报告上写出：

1.《策划的定式》的培训诉求。

这时，考虑到培训成本，或进一步向上汇报的需求，上司会提出新的问题："为什么？"

员工或许会回答："策划书是营销的核心，但我们公司有80%的员工都认为写策划书很难。"然后在报告上这样写：

2. 培训的必要性。
调查结果：80%的员工认为写策划书（营销的核心）很困难，希望开展有关写策划书的培训。

上司可能会追问:"这是真的吗?"员工回答:"我进行了一番实际调查,发现《策划的定式》这本书的作者教的内容正好就是我们公司员工不擅长的部分。"此外,员工还可以就培训的效果做出以下分析:

3.(1)把员工不擅长的工作内容和培训内容联系在一起(以表格的形式呈现),在两日内,完成写策划书6个阶段的相关理论培训,要求每名员工在培训后写一份策划书并进行公开汇报,最后由讲师对其做出指导。

员工也可以这样回答:"我进行了一番实际调查,发现作者曾作为讲师在……等公司授课,这些公司的类型和我们公司差不多,对于培训效果他们给出的评分都在4.5分以上。"回答可以以如下方式呈现在报告中:

3.(2)讲师的可信度。

最后,上司通常会问道:"所以你想怎么做?"员工可以这样回答:"我已经联系过了,讲师下个月中旬可以来讲课,如果您批准,我想在这个时间以××元的预算来组织培训。"员工可以根据回答列出如下内容:

4.大体流程(按照5W+H分析法陈述或罗列出预算、日程安排和负责人)。

让我们总结一下两种报告在结构上的差别(见图3-2)。

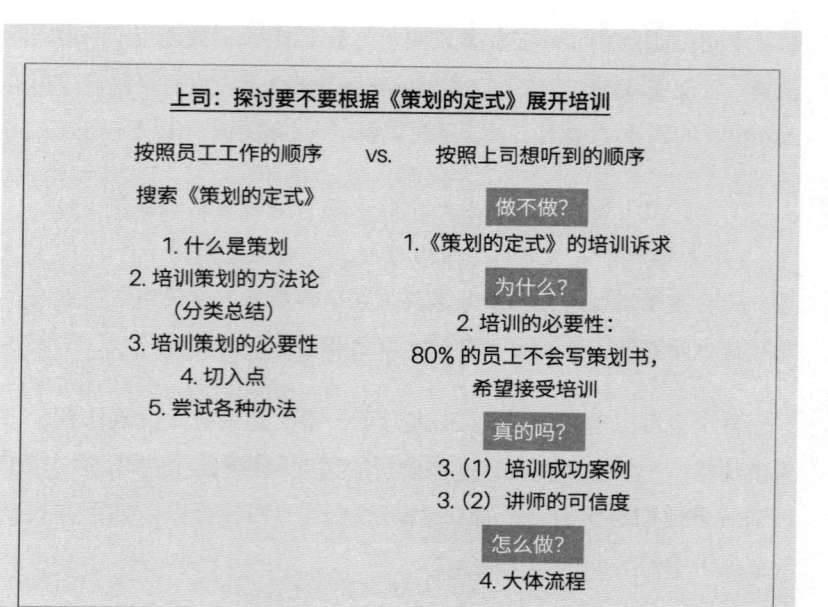

```
┌─────────────────────────────────────────────────┐
│        上司：探讨要不要根据《策划的定式》展开培训        │
│                                                 │
│    按照员工工作的顺序    vs.    按照上司想听到的顺序      │
│    搜索《策划的定式》           ┌──────┐              │
│                              │做不做？│              │
│     1. 什么是策划             └──────┘              │
│     2. 培训策划的方法论        1.《策划的定式》的培训诉求 │
│       （分类总结）             ┌──────┐              │
│     3. 培训策划的必要性         │为什么？│              │
│     4. 切入点                 └──────┘              │
│     5. 尝试各种办法            2. 培训的必要性：        │
│                              80% 的员工不会写策划书,  │
│                                 希望接受培训          │
│                              ┌──────┐              │
│                              │真的吗？│              │
│                              └──────┘              │
│                              3.（1）培训成功案例       │
│                              3.（2）讲师的可信度       │
│                              ┌──────┐              │
│                              │怎么做？│              │
│                              └──────┘              │
│                              4. 大体流程              │
└─────────────────────────────────────────────────┘
```

图 3-2　按照员工工作的顺序 vs. 按上司想听到的顺序分别做的报告大纲

　　同样是报告，是站在报告者的角度，还是站在接收者的角度，会产生截然不同的结果。前者会让接收者心里产生怀疑，让对方觉得："我为什么要听这个？"后者则会更容易赢得接收者的认可，让对方觉得："没错，我关心的就是这个。那接下来该怎么做呢？"当看到合心意的报告结构时，接收者自然会感到心情舒畅，敞开心扉继续聆听。

　　在图 3-2 左侧的报告结构中，报告者仿佛在说"你看我特别努力地进行了调查和总结"或"我知道的特别多"。但对方给出的回应却是"不问不好奇"。最近,这个说法在韩国十几岁的孩子中很流行,意思就是"我不问,也不好奇"。当对方谈论一些烦琐冗长的无聊话题时,孩子们就会说:"不问不好奇!"我在确立报告的结构时,总会以此来警示自己。静下心来想一想,哪怕你再怎么努力地去写报告,如果对方的态度是"不问不好奇",那你的报告也就没有任何意义了。

如果说报告立足于通知,以落实工作为最终目标,那么图 3-2 右侧的报告内容很好地做到了这一点,明确告诉接收者如何马上落实工作。其结构可分为以下两块:这是关于你问题的回答(信息传达);如果要推进,这样做就可以(推进方案)。

在"我特别努力地去调查和考量过"和"这样落实工作就可以了"这两种回答中,前者没有提到实质性内容,而后者则给出了明确的方案,这两种差异会直接影响工作落实的速度。对报告者而言,与其因对方没看出自己付出的努力而伤心,不如把精力都放在对工作的落实上。写报告的时候,我们可以把对方的问题归纳成一份提纲(见图 3-3)。

这里所讲的内容建立在第 2 章用"What first"提问法归纳"结论、依据(定量依据 + 定性案例)、诉求 / 落实"的基础之上。

确立报告结构时,像这样把重点问题和上司的问题结合在一起就可以了。如果报告者能按照"结论 = 诉求(最终想说的话)= 标题"的方式归纳,这样接收者即使只看标题,也能轻易明白报告者想表达什么。还是以《策划的定式》培训一事为例,整理出报告的基本框架(见图 3-4)。

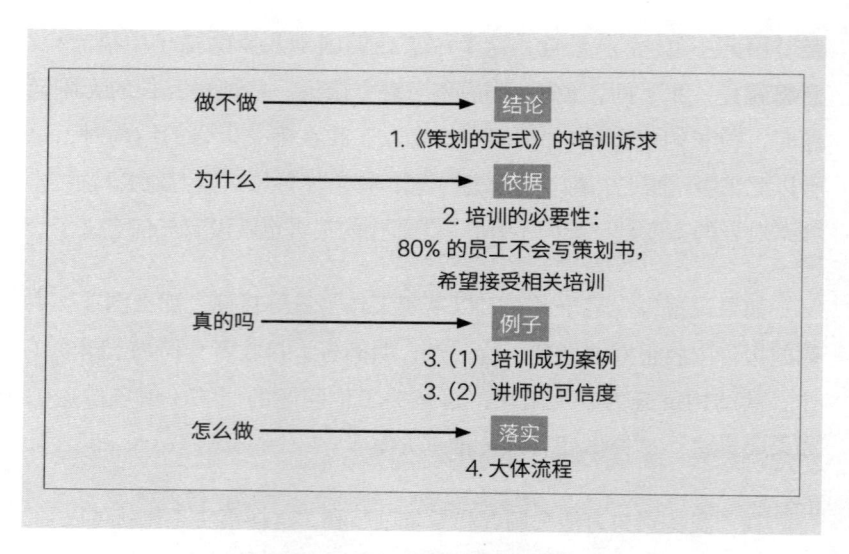

```
做不做 ────────▶  结论
                1.《策划的定式》的培训诉求

为什么 ────────▶  依据
                2. 培训的必要性：
                80% 的员工不会写策划
                书，希望接受相关培训

真的吗 ────────▶  例子
                3.（1）培训成功案例
                3.（2）讲师的可信度

怎么做 ────────▶  落实
                4. 大体流程
```

图 3-3　把问题归纳成报告提纲

探讨类报告

```
《策划的定式》培训诉求
                    2020-2-23
            所属部门，姓名，职务
1. 培训的必要性

2. 培训成功案例

3. 讲师履历和满意度评价

4. 落实（授课对象、日期、地点、
预算和培训时间表）
```

图 3-4　关于《策划的定式》培训诉求的探讨类报告

第 3 章　调整顺序，8 种结构让你脱颖而出

一页纸总结

通俗易懂的报告结构

一份优秀的报告是什么结构？
　　是接收者自然而然就能理解的结构，也就是按照对方感兴趣的顺序整理出来的结构。
　　报告的提纲就是对方的问题。
最坏的报告结构是什么样子？
　　"不问不好奇"结构。

聆听上司的问题

如果你也认同报告的提纲应该以接收者的问题为基础，那么为了在工作时少走弯路，我们就应该更仔细地聆听上司的问题。下面我将通过例子进行说明。

当上司对你说："类似于《策划的定式》这样的培训……你们探讨一下之后再向我汇报。"你听了个大概之后可能会心想："《策划的定式》？这本书我早就知道了。"于是你开始写报告：

关于《策划的定式》培训的相关内容报告：
1. 培训内容。
2. 讲师。
3. 费用。
4. 落实。
……

虽然你可以这样写，但这却并不是上司真正想看到的内容。上司可能会对你说："不是，我什么时候说过就用《策划的定式》这本书培训了？我不是让你找一找类似的吗！"好，我们来重新认真解读一下上司的指示："类似于《策划的定式》这样的培训……你们探讨一下之后再向我汇报。"

上司感兴趣的内容是："类似于《策划的定式》这样的培训……"如果把这句话展开来讲，上司的潜台词就是："现在公司比较需要《策划的定式》这样的培训。这本书我知道。但第一，我没法确定这本书是不是最佳选择。第二，我没时间去做调查和比较分析，得由你来做一下。第三，告诉我这本书是不是最佳选择，如果不是，什么是最佳选择。"

因此，在写报告时，我们应该首先表明上司感兴趣的内容，可以用表格比较不同培训计划的优缺点（见表3-1）。

表 3-1　对不同培训计划内容及优缺点的比较

	重点培训内容	优点	缺点
《策划的定式》			
B 计划			
C 计划			

我们也可以罗列出不同培训计划的 3 要素（是否有产出、需要多少费用、采取怎样的授课方式）（见表 3-2）。

表 3-2　对不同培训计划的 3 要素的比较

	产出	费用	授课方式
《策划的定式》			
B 计划			
C 计划			

当然，你也不能只是列举上司感兴趣的相关内容，并进行简单的分析比较后就以为万事大吉了，接下来应该用"2What"提问法进行归纳总结。

当上司问出"所以呢"的时候，你就应该推荐一个方案了，比如："关于培训计划的探讨，我推荐《策划的定式》作为培训计划。"

这时，如果上司追问："为什么？"那么你就可以开始陈述该培训计划的比较优势（推荐依据）："在这样的条件下，某某培训计划更有优势，所以我推荐某某培训计划。"例如，比起其他培训计划，该计划不需要投入大量费用，或者在成果方面更占优势。如果该计划不是特别出类拔萃，每种培训计划都各有千秋时，你可以说："考虑到我们的目标是……，我认为某某培训计划更合适。"

按照上述方式来归纳可以彰显目标的比较优势。

在涉及工作落实，被问及"所以你想怎么做"的时候，你应该向上司汇报"在什么时间开始，以及投入多少预算"。

现在，报告的结构就已经初见雏形了（见图 3-5）。

```
┌─────────────────────────────────────────────────┐
│        上司：类似于《策划的定式》这样的培训……      │
│           你们探讨一下之后再向我汇报              │
│                                                 │
│  以汇报者的理解为基础  vs.   以接收者的问题为基础  │
│                                                 │
│  关于《策划的定式》      1. 调查过类似于《策划的定式》的内容吗？│
│  培训的相关内容报告      比较培训计划             │
│    1. 培训内容          ┌────────┬──────┬────┬────┐│
│    2. 讲师              │  对象  │授课内容│优点│缺点││
│    3. 费用              │《策划的定式》│    │    │    ││
│    4. 落实              │  B 计划 │      │    │    ││
│     ……                 │  C 计划 │      │    │    ││
│                         └────────┴──────┴────┴────┘│
│                         2. 所以呢？/ 为什么？     │
│                         方案 / 依据               │
│                         3. 所以你想怎么做？       │
│                         落实（按照 5W+H 分析法陈述或罗列出日程│
│                         安排、预算和负责人）      │
└─────────────────────────────────────────────────┘
```

图 3-5　以汇报者的理解为基础 vs. 以接收者的问题为基础的报告大纲

考虑到报告应从结论部分开始，所以还需要在顺序上做出一些调整：

1. 标题：这是您要求总结的内容。
2. 结论：这是打算做的内容。
3. 依据：因为从这些方面来看比较好。我给您看一下表格，可以比较出优缺点。
4. 落实：所以如果您批准的话，接下来就这样推进了。

第 3 章　调整顺序，8 种结构让你脱颖而出

现在就让我们按照以上顺序整理出报告的基本框架（见图 3-6）。

探讨类报告

```
关于策划能力培训方案的探讨
                    2020-2-23
          所属部门，姓名，职务
1. 结论和依据
  · 结论
  · 依据
2. 比较优势
```

对象	授课内容	优点	缺点
《策划的定式》			
B 计划			
C 计划			

```
3. 落实计划
  · 对象
  · 日期
  · 地点
  · 时间
  ※ 特殊事项
```

图 3-6　关于策划能力培训方案的探讨类报告

为了简化报告，你也可以只列出一个培训计划作为比较。"让我调查类似于《策划的定式》的培训吗？我觉得 B 计划可以！"因此，"我的调查结果就是 B 计划"。

这样一来，上司会认为你列出的这个培训计划就是最佳选择。为什么它是最佳选择呢？怎样让上司知道这是最佳选择呢？只有结合实际情况和其他计划进行比较之后，才能合理说服对方。你可以使用以

下几种表达方式：

  第一种，B 计划比《策划的定式》培训计划便宜 $X\%$。

  第二种，正如你所见，虽然 B 计划比较贵，但它的产出效率高。

  第三种，正如你所见，虽然 B 计划比较贵，但考虑到 3 年后的情况，从长远眼光来看它反而可以节省 $Y\%$。

你需要向上司证明，你在报告中提出的这个计划是最佳选择，或者至少是"有依据（建立在事实之上）"的。当上司听完或看完你陈述的依据之后，即便认为这不是正确答案，至少也能感觉到你的判断是合理的。

我们再做一个练习。如果上司说："了解一下如何根据《策划的定式》展开培训，然后向我汇报。"他感兴趣的内容（核心问题）是什么呢？

他感兴趣的内容是"如何"。

如果不仔细思考上司的问题，员工就会习惯性地从"培训的目标"开始发表一番长篇大论。

但目前的情况是已经不需要说服上司同意培训，因为培训这件事已经确定下来，没有必要再阐述其依据，所以只需要回答一个问题："怎样落实工作？"

思考一下，上司可能会对什么内容感兴趣呢？上司所说的"如何展开培训"可以被发散为一系列问题,这些问题可以被归纳如下(见图 3-7)。

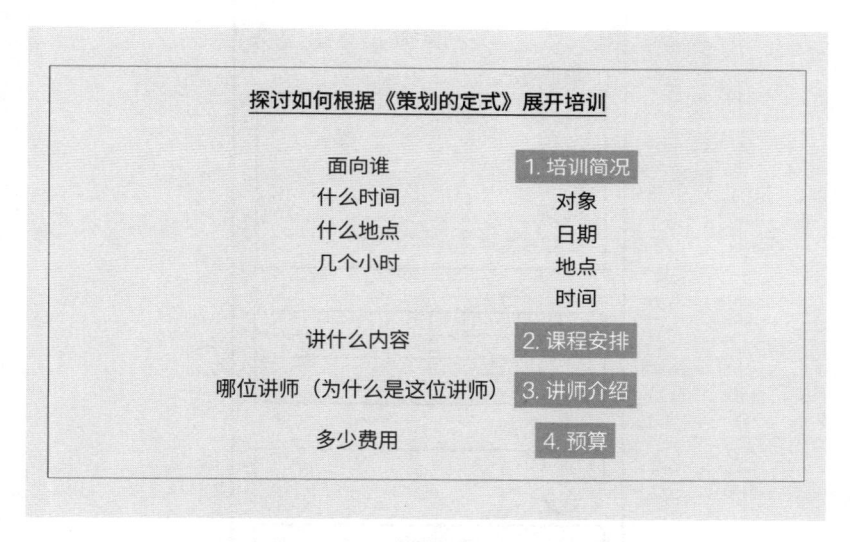

```
探讨如何根据《策划的定式》展开培训

面向谁            1. 培训简况
什么时间            对象
什么地点            日期
几个小时            地点
                  时间

讲什么内容         2. 课程安排

哪位讲师(为什么是这位讲师)  3. 讲师介绍

多少费用           4. 预算
```

图 3-7 探讨"如何展开培训"的报告大纲

这就是报告的基本框架。既然报告双方已经就依据和结论达成一致意见,那么接下来只需要总结"怎么做"即可(见图 3-8)。

通过上述案例,我们不难发现,找准上司感兴趣的内容(问题)至关重要。这也难怪初入职场或刚刚跳槽的员工做的报告总是欠些火候,因为每位上司感兴趣的内容都不一样,新员工需要一定的时间去搜集新上司的问题。在你因做不好报告而感到自责之前,先给自己一些搜集问题的时间吧。

情况类报告

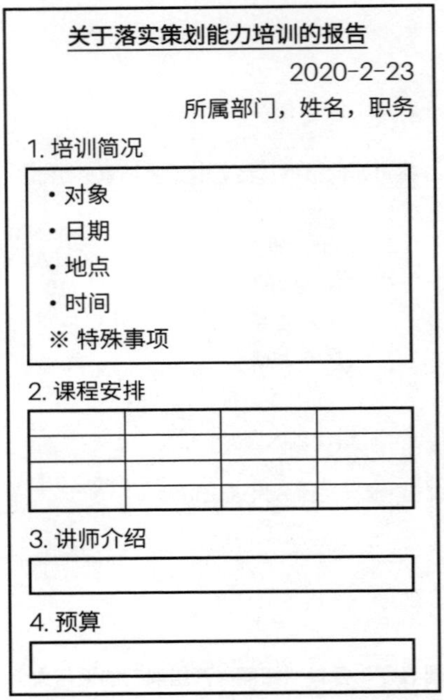

```
关于落实策划能力培训的报告
                         2020-2-23
              所属部门，姓名，职务
1. 培训简况
   • 对象
   • 日期
   • 地点
   • 时间
   ※ 特殊事项

2. 课程安排

3. 讲师介绍

4. 预算
```

图 3-8　关于落实策划能力培训的情况类报告

重视上司的需求

在我开展职场培训时，经常会有学员说同一句话，那就是"但是……我不太懂这个问题"。

这是为什么呢？因为他们没听，其实就是不喜欢听。不过，更严重的问题是：听不见。

人们往往只能听（听见）自己觉得重要的内容。面对絮絮叨叨的长篇大论，你会不理解对方是否一定要那样做，他们的话也都被当成耳旁风。因为你觉得这些话不重要，所以自然听不见。如果你完全不在意这部分内容，那么无论对方怎么说，你都听不见。

真是如此吗？我在第一企划公司上班的时候，经常会根据项目变换工作小组。3年期间，我先后在A、B、C 3个小组工作，在C组工作一段时间后又去了首尔梨泰院的办公室，后来又去了位于首尔江南的办公室。正因如此，我在很多位组长手下都工作过。那时，我发现了一个特别有意思的现象，那就是每位组长的关注点都略有不同。

有的组长极其重视在战略中寻找问题及其原因。他们经常说："成败取决于是否找到了原因。"有的组长极其重视工作的执行，认为大家的创意都差不了多少。他们会说："工作就是交差。大家交出来的成果都差不多，关键就在于谁在规定期限内认真完成了工作。"有的组长重视对某部分内容的正确定义。他们说："来，重新归纳一下吧，这是什么意思，应该解释得更明确一些。"还有的组长重视预算。他们则会说："归根到底，预算是最重要的。"

组长们对于自己重视的内容，往往都会给出十分明确的反馈意见，反之，则一带而过。刚开始工作的时候，我曾按照A组长的习惯向B组长做汇报，得到的反馈是："报告缺乏内容。"A组长非常重视问题及其原因，所以他比较看重员工是否能深入阐述内容，而B组长对问题及其原因不感兴趣，他在意的是具体工作的执行。每个人重视的内容不同，所以就会经常发生这种情况。

举例来说，当上司问员工："为什么？"员工们却在想："现在问

'为什么'有什么用呀！有想这个的功夫，还不如赶紧制订一个计划再执行，真让人窝火。"

一旦员工有了上述想法，那他们要么不回答"为什么"，要么就应付上司走个形式，因为他们认为这不重要。而上司一心期待着一份重点总结原因的报告，到头来却看到了满满的执行计划，他会极其失望地说："这不是只有计划嘛，没有一丁点儿内容在解释'为什么'！"不过，这并不代表员工不会写报告，只能说明双方的侧重点不同。

或者，当上司说"你说一说最后要怎么做吧"时，员工们却汇报道："啊？我总结的是问题。"并且发出这样的心声：现在连问题该怎么定义都没弄清楚，怎么制订计划啊？应该从定义开始一起讨论。面对这样的报告，上司显然不会满意："哎呀，我以为你能拿出来个执行计划呢，你到底在干什么？"在这个案例中，上司问的是计划，但员工却并没有给出对应的回答，因为他们更在意的是原因。

大多数人都聚焦自己感兴趣或重视的内容，忽视他人的需求，在报告时也以自己看重的内容为主。所以有时会出现这种报告标题——"重要的是原因""重要的是落实"。真是这样吗？我想说，这要取决于决策者。如果双方看重的内容一样，还比较幸运；如果不一样，那么一份抓错重点的报告必然会以失败告终。

从本质上看，报告是写给接收者看的，所以应该围绕对方重视的内容写。报告者认为重要的内容，接收者反而可能觉得丝毫都不重要，而报告者完全忽略掉的内容，接收者却可能觉得一定要听。

第 3 章　调整顺序，8 种结构让你脱颖而出

这一理论不仅适用于报告，也适用于日常社交中。换个角度想想，你问别人一个问题，而他却一直在碎碎念念其他的事，这时你的心里能不窝火吗？他可能以为自己说的都很重要，但你想听的却是别的内容。如果能把这种情况牢记于心，那么你自然也会顺着对方的思路说话了。

申亨哲是一位写得一手好文章的评论家兼作家，他曾在《正确的爱情实验》一书中写道：

> 看过《雪国列车》后，怎样用一句话来概括这部电影？
>
> 马克思主义者开了口："这部电影讲述的是一列火车穿透寒冰一直向前奔驰的故事。"
>
> 研究神话的学者表示反对："不是，这部电影讲述的是一列火车绕着地球奔驰，每年都会回一次原点的故事。"
>
> 接着，弗洛伊德主义者反问道："这部电影讲的不是一列火车在达到极限的瞬间爆发的故事吗？"

虽然大家看的是同一部电影，但因为他们思考问题的方式不同，侧重的知识点不同，所以用一句话总结出来的内容也完全不同。

只固守自己的风格是低效的，既然大家在一起工作，就应该互相学习，配合彼此的步调。实际上，公司里的大部分工作对专业性要求并没有那么高，员工可能在刚接触时会比较生疏，但慢慢都可以熟能生巧。做报告便是如此。报告的专业性就体现在"在工作中沟通得有多高效"，因此报告者必须了解接收者的风格和侧重点。"靠自己就能写好报告""仅凭自己就能磨炼写报告的技巧""我写的报告无人能

敌"等说法都站不住脚。我想重申一遍,报告完成的关键在于接收报告的人。

话虽如此,但怎样才能准确知道接收者重视什么内容呢?报告的历史悠久,是否有标准化的提纲可供大家参考呢?在下一节,我会给出8种不同类型的报告结构。

看到这里,有些读者可能会想:"这个难道不应该在开头就说吗?"不在开头说是因为如果不理解基本的原理,也就没办法在面对不同情况、不同接收者时做出相应的调整,因此我认为前文的说明还是很有必要的。

8种结构,量体裁衣为你的报告增色

在本节中,我会把职场中常见的报告大体分为8类,并给出对应的报告结构供大家参考。但这些并不是标准答案,需要根据不同情况做出相应调整。如果你不是一个人,而是以小组、集体为单位来阅读这本书,那么你不妨以本书的内容为基础,和其他成员一起按照以下3个步骤练习。

第一步:梳理现有的报告名称。梳理你手头正在撰写的报告,看看报告的名称是什么。五花八门的名称会降低工作效率。所以先对报告名称进行整理分类吧。

第二步:统一报告名称。统一的报告名称可以有效提升职场的沟通效率,也便于报告的接收者下达明确的指示,比如上司就可以直接要求员工用 A 报告的格式写。明确的指示大概率意味着明确的产出。我在写书的时候做过调查，即便报告的名称相同，每家公司想要的内容也会有所不同。考虑到这一点，按照"A 报告是回答 B 问题的"形式来明确报告的名称和要求，对报告者和接收者都很便利。

第三步：统一报告的结构、用语和格式。根据本书的内容，成员们商量确定报告的结构、用语和格式（字体和颜色等），然后制定一个规则。统一的结构，可以让报告者把花费在琢磨外观上的时间用在构思内容上，提高做报告的水平。你可能会怀疑是否有必要连格式都进行统一，但事实证明，统一的格式可以提高工作效率，最重要的是，可以减少由理解偏差造成的误会。国际投资银行摩根士丹利就详细规定了填写 Excel 表格时的规则，分布在全球各地的分公司都遵循着这份规则。

制定好规则后，我建议先不要正式全面推行，而是先设置一段试运行时间，然后召开一次后续会议，探讨规则在应用到实际工作中时产生的问题，在进行一番修改和完善之后再做决定。如果一次性就拍板决定，很有可能遇到规则无法适用的情况。

根据上司的喜好，可以把报告的结构大致分为两种。第一种，上司不了解相关案例的背景知识，希望报告者从问题和原因循序渐进地展开陈述。第二种，上司前期已经和报告者沟通得差不多了，希望报告者可以从结论开始快速地说明。

第一种，从问题和原因开始循序渐进地说明。

```
情况              方案
什么事?  ──────▶  怎么做?
```

第二种，从结论开始快速地说明。

```
结论              依据            方案
结论是什么?  ────▶ 为什么?  ────▶ 怎么做?
```

第一种报告结构适用的场景有"当上司要求一份有深度的报告时""当时间充裕时""当听汇报的人多时"；而第二种适用的场景有"当报告者被要求在一到两分钟之内结束发言时""当上司只想听到答案时""当双方面对面交谈时"。

根据上司对报告细致程度的要求，以上两种报告结构可以被拆分为4到8个条目。无论是面对一位希望粗略听一下报告的上司，还是面对一位希望仔细探讨每一个细节的上司，报告者都可以找到合适的结构。

在第一种报告结构中，两大核心问题可以拆分为4个大条目和8个小条目：

1. 以两大核心问题为中心的报告提纲。
   - 情况：什么事？出现这种情况。
   - 方案：怎么做？就这样做。
2. 以4个大条目为中心的报告提纲。
   - 问题：什么问题？存在这样的问题。

- 原因：为什么？因为这个。
- 解决：所以怎么做？打算这样做。
- 效果：所以怎么样？将会得到这个结果。

3. 以 8 个小条目为中心的报告提纲。
- 结论：就做这个。
- 目的：在想要达到这种目的的情况下。
- 问题：现在存在这样的问题。
- 原因：因为这个。
- 目标：以此为目标。
- 计划：就这样做吧。
- 成果：预期的结果是这个。
- 诉求：所以请您这样做。

第一种报告结构的图示如下（见图 3-9）。

情况 什么事？				方案 怎么做？			
问题 什么问题？ 存在这样的问题	原因 为什么？ 因为这个			解决 所以怎么做？ 打算这样做	效果 所以怎么样？ 将会得到这个结果		
结论 就做这个	目的 在想要达到这种目的的情况下	问题 现在存在这样的问题	原因 因为这个	目标 以此为目标	计划 就这样做吧	成果 预期的结果是这个	诉求 所以请您这样做

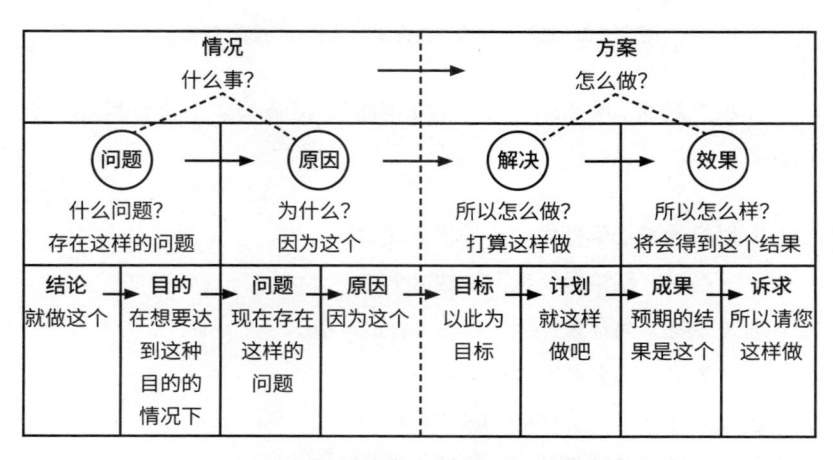

图 3-9　对第一种报告结构中两大核心问题的拆分

我个人比较喜欢以 4 个大条目为中心的报告提纲,但毕竟不可能所有上司的风格都和我的一样,所以我在此列出了不同的版本。

第 2 种报告结构的图示如下(见图 3-10)。

结论	依据		方案
结论是什么?	为什么?		怎么做?
结论	依据	例子	计划
结论是什么? 就做这个	为什么? 因为存在这样的问题 这样的问题	为什么? 因为产生这样的效果 这样改变	所以怎么做? 所以这样做
目的 + 结论 为了这个目标 这样做	问题 现在存在这样的问题	原因 因为这个	成果 为了产生这样的效果	目标 以此为目标	计划 打算这样做	诉求 所以请您这样做

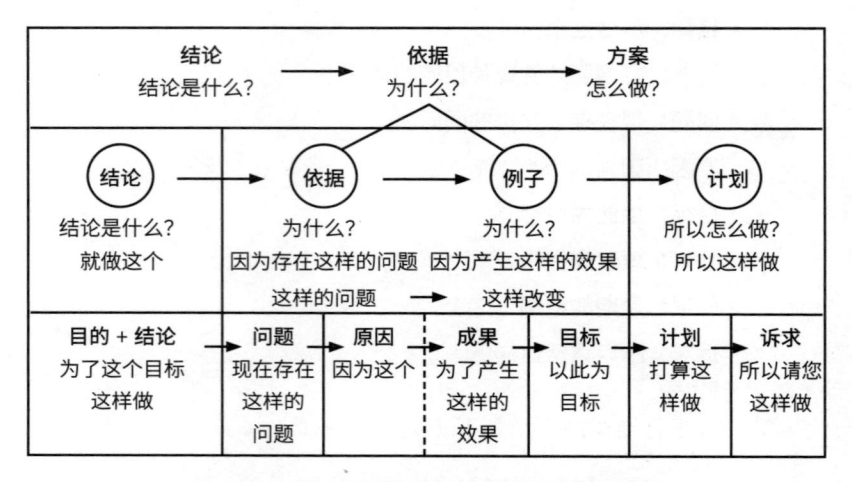

图 3-10 对第二种报告结构中 3 大核心问题的拆分

在第二种报告结构中,3 大核心问题可以分为 4 个大条目和 7 个小条目:

1. 以 3 大核心问题为中心的报告提纲。
    - 结论:结论是什么?就做这个。
    - 依据:为什么?因为存在这样的问题。
    - 方案:怎么做?就这样做。
2. 以 4 个大条目为中心的报告提纲。
    - 结论:结论是什么?就做这个。

- 依据：为什么?
  - ①问题：因为存在这样的问题。
  - ②例子：因为产生这样的效果。
  - ① + ② 这样的问题可以产生这样的效果。
- 计划：所以怎么做？所以这样做。

3. 以 7 个小条目为中心的报告提纲。
   - 目的 + 结论：为了这个目标这样做。
   - 问题：现在存在这样的问题。
   - 原因：因为这个。
   - 成果：为了产生这样的效果。
   - 目标：以此为目标。
   - 计划：打算这样做。
   - 诉求：所以请您这样做。

表 3-3 把两种报告结构进一步细化，归纳成了更实用的版本。大部分的报告结构都不会脱离下表中的内容，我们可以根据工作的种类、公司的氛围，以及报告的目的做出相应调整。

表 3-3 报告中 8 大条目的实用版本

上司可能提出的问题	条目	内容
结论是什么	1. 结论	・用一句话回答上司的问题 ・用一句话表达诉求
为什么做这个	2. 目的、探讨背景	・为保证报告不离题，确认工作的目的、背景

续表

上司可能提出的问题	条目	内容
现在是什么情况 问题出在哪里	3. 现状、问题	• 总结情况和问题 • 比较数据（和目标相比、和竞争对手相比、时间前后对比等） • 总结外部因素变化导致的问题（竞争对手的动态、趋势变化、环境变化等） • 总结内部热点问题（事故、关于低效工作的现场采访和问卷调查结果等）
为什么	4. 问题、原因	• 现状下面临的真正问题是什么，隐藏在问题里的原因是什么 • 建立在事实基础上的原因或推测出来的原因
所以要做什么	5. 包含目标的任务、对策和方案	• 做什么，到何时为止，在什么范围内 • 尽可能提出包含预期数值的目标 • 提出具体任务、对策和方案
所以怎么做	6. 执行计划	• 详细阐述需要多少费用、由什么人执行、到何时为止 • 列出预算、负责人、日程安排等
这样做会得到什么	7. 预期成果	• 实施计划后预期得到的成果 • 预估前后的数据对比
你要我怎么做	8. 诉求	• 上司需要决策的事项 • 想要上司做的事项 • 需要和其他部门协商的事项

"一页纸报告"的概念是由丰田公司提出的，其非常有意义的一点在于，让报告发挥出最大的功效，例如通过比较任务前后的数据变化，分析结果得到了怎样的改善（7.预期成果）；如果结果还不够完善，寻找原因（4.问题、原因），并重新确立目标（5.包含目标的任务、对策和方案）。如果结果令人满意，就在公司内部共享并确立这

套方法体系。像丰田这样全公司都在用统一的一页纸报告模式进行报告，工作效率明显提高。

我们需要时刻注意的是，不要本末倒置，局限于表中的报告结构，应当回归到问题的本质中去，要检验是否回答了上司提出的问题。**报告结构的重点在于以一个容易理解的顺序总结出在工作中需要的信息。**一个擅长做报告的人，不一定是一个话术高明、文采飞扬的人，但一定是一个能让工作落实下去的人，会在报告中给出工作中的必要信息。

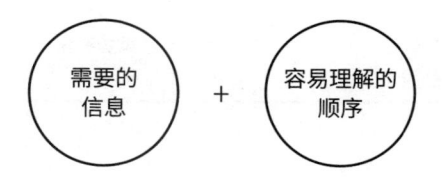

需要的信息 ＋ 容易理解的顺序

以"上司可能提出的问题"为基础，我们可以根据目的的不同，将报告分为 8 种类型，具体如下（见表 3-4）。

表 3-4　8 种不同目的的报告

目的（上司的潜台词）	报告的种类
上司的问题：探讨之后给我建议 潜台词：探讨之后改进建议	探讨类报告
上司的问题：什么情况 潜台词：传达情况信息	情况类报告
上司的问题：什么情况？要怎么做 潜台词：传达情况信息并提出改进方案	工作改进类报告

续表

目的（上司的潜台词）	报告的种类
上司的问题：你对这个项目有什么看法 潜台词：提出方案，说服对方	提案类报告
上司的问题：要怎么进行 潜台词：分享细节	计划类报告（执行计划类报告、活动计划类报告等）
上司的问题：这次出差收获了什么？见面之后发生什么了 潜台词：出差时告知成果、会议后告知情况	出差类报告（联络类报告）
上司的问题：把会上的重点内容总结出来给我 潜台词：传达会议内容	会议类报告
上司的问题：结果如何 潜台词：报告最终结果	结果类报告

探讨类报告

关于探讨类报告的定义，我采访过的几位部长给出了不同的答案。本书中给出的定义是，当上司让你就某个项目提建议的时候，用于总结建议的报告。虽然这类报告的主要内容是总结你自己的建议，但也并不简单。不过，如果静下心来慢慢思考其中的道理，你就会发现探讨类报告的写法很容易掌握。

探讨类报告的基本框架是什么呢？首先，上司可能会提出疑问："结论是什么？"这时，上司的潜台词是：探讨过相关资料以后，你得出的结论是"做"，还是"不做"。在你提出某个结论后，上司马上就会反问你："为什么？"所以你一定要准备依据。当你陈述依据以后，上司又会问："真是那样吗？"所以你还要准备例子。当你用例子说服上司以后，就进入了落实工作的阶段，上司会问你："所以怎么做？"这时，你把计划拿出来就可以了（见表3-5）。

表 3-5　探讨类报告的标题

上司可能提出的问题	条目
结论是什么	结论（用一句话归纳建议）
为什么	依据
真是那样吗	例子
所以怎么做	计划／落实

由此可知道，探讨类报告的核心问题是："真是那样吗？"也就是说，上司感兴趣的是你陈述的结论，以及经你探讨后得出的那个结论是否真如你所说。上司如果让你去探讨，就证明他心中仍在摇摆。他无法确定这件事是否应该做，如果去做会不会浪费金钱，如果不做又会不会错失一次好机会。为了打消这种顾虑，你给出的答案就应该让上司觉得："嗯，看了这么多依据和例子，果真如此。"所以，探讨类报告的重点是可以让上司对结论产生信任感的依据和例子，其中还要加上支撑数据。

结论、依据、例子和计划／落实是我平时经常练习的几项内容。我也属于不擅于开宗明义的人，当需要把报告内容简要概述出来时，我会下意识地问自己"结论是什么"，争取用一句话来归纳结论（建议）。明确结论后，再寻找依据、分析例子、整理计划表，这一套流程已经成了我的工作习惯。

在上司不太了解相关信息，双方没法经常就某个问题进行交流的时候，你可以贴心地在报告中加入目的、探讨背景（为什么探讨）等条目（见表 3-6）。

表 3-6　加入"目的、探讨背景"后的探讨类报告条目

上司可能提出的问题	条目
为什么做这个	目的、探讨背景
结论是什么	结论（用一句话归纳建议）
为什么	依据
真是那样吗	例子
所以怎么做	计划/落实

下面，让我们通过实战演练来分析一下。

有一段时间流行一种包罗万象的探讨类报告，即在一份策划书中囊括现有全部材料。这种报告看似内容丰富，其实，能说出其中内容的人实际上只有写这份报告的人而已。因为接收者读不完，也记不住，自然就没办法落实。退一步说，即便接收者耐心读完一份长长的报告，也大概率不知道应该做什么。更加令人无助的情况是，当接收者问"所以要做什么"的时候，就连写报告的人都没法给出答案。因为报告里的资料太多，大家都无从着手。

大家都被这冗长的报告弄得筋疲力尽，工作也没法正常进行下去，于是纷纷提议，不如把想汇报的内容都归纳在一页纸上。面对上述情况，让我们围绕"要不要把报告都统一成一页纸报告的形式"写一份探讨类报告。应该怎样写呢？请看一页纸报告 1。

一页纸报告 1

关于全公司统一"一页纸报告"的探讨方案

2018-2-26，集团战略部，朴信英主任

1. 结论	完成 2018 年"简化公司内部报告"的创新任务，促进全公司统一采用一页纸报告的报告模式
2. 依据	冗长报告的 3 点弊端： （1）**增加不必要的工作量**：制作精美的 PPT，导致加班情况增多（根据 2018 年业务创新调查，排在加班理由第一位的就是制作 PPT，占 64%） （2）**工作效率低下**：开会期间侧重于讲解 PPT，妨碍讨论和决策（本末倒置） （3）**浪费金钱**：每年消耗 5 000 万张复印纸、×× 个墨盒（说明去年的数据）
3. 例子	**丰田：** 30 万名员工将一页纸报告学以致用 →开会期间，在 3 秒钟之内就能迅速做出决策 **现代信用卡：** 全公司展开"零 PPT"运动 →减少了 ×× 元费用，缩短了 X% 会议时间 **亚马逊：** 2013 年禁止使用 PPT，要求准备 6 页备忘录
4. 落实	一页纸报告分为 4 个阶段落实：<table><tr><th>计划</th><th>实践</th><th>评价</th><th>完善</th></tr><tr><td>确定不同类型的一页纸报告模板</td><td>公开发表，全公司统一执行</td><td>试行后对员工进行问卷调查，修改和完善报告模板</td><td>给出决策，全体员工都学以致用</td></tr></table>

一页纸高效沟通法　한 장 보고서의 정석

	计划	实践	评价	完善
	到何时为止	到何时为止	到何时为止	到何时为止
	负责人	负责人	负责人	负责人
预算：共计多少费用（附具体清单）				

我们来分析一下一页纸报告 2 中的各项内容是怎样构成的。

一页纸报告 2

关于 ×× 的探讨方案

把目的写出来更易于理解

日期，所属部门，姓名，职务

1. 结论	结论是什么？ （1）用一句话概括结论（做还是不做？用一句话回答上司的问题） （2）在结论部分简要陈述目的，这样更易于理解（例如将"促进……"优化为"为了……而促进……"）
2. 依据	为什么？ 对合理依据依次进行编号，分条列举，不要堆砌文字 每一项都用数据或例子来证明

3. 例子	真是那样吗？ 谁？什么？怎么样？取得了什么结果 一项一项列举出实际例子，不要堆砌文字	
4. 落实	所以怎么做？ 在表中分阶段填写执行计划 在表中填写日程安排、负责人和预算	

一页纸报告1中有一些字体加粗的内容。这些加粗的内容一目了然，很容易就能让接收者知道"原来要做这个，是因为这个，有这3个例子……"。我曾经问过一起共事的部长，他们理想中的报告是什么样子。很多人都回答说："就是只看标题就能理解的报告。"我也曾经听专门评阅主观题的人说过，如果他们觉得考生写的标题还不错，就会判其及格，反之就会判其不及格。同理，一份通篇都在堆砌文字、一处加粗标示都没有的报告，很难吸引接收者的注意力。我们需要锻炼归纳重点的能力，学习在报告中强调重点。

从上述案例中我们不难发现，在陈述依据时，一条一条分开列举要比堆砌文字更容易让接收者产生信任感。这样做会让上司感受到，他的决策并不只是侧重于某一个依据，而是在综合多种依据后总结出来的合理决策。

打个比方，上司让你交一份关于项目合理性分析的报告。比起告诉上司："从这个观点来看，我觉得还可以。"不如从多个不同角度一一进行分析。这样做既能提高对方对你的信任度，也更易于对方理解。此外，报告中的依据应该是同一导向的，并且位于同一层级。也就是说，如果想要推进某个方案，就可以按照"从 3C[①] 的角度来看，这个方案不错"或"从 3T[②] 的角度来看，这个方案不错"的方式陈述观点。一页纸报告 1 就是从工作量、工作效率和费用的角度进行了分析，以支持自己的方案。所以，梳理依据后，应该以一个最合理的方式陈述观点。

情况类报告

现在我们来分析情况类报告。这一类报告的核心问题是回答"什么情况"。

没错，你应该让接收者了解当下究竟是什么情况，先阐述情况，再随机应变。如果需要迅速向接收者说明情况，那么你可以只在报告中陈述发生的情况。但如果对方在了解了基本情况之后对你说："你说的这些大家都知道，所以为什么会发生这种情况？"这就意味着，

[①] 客户（Customer）、公司自身（Company）、竞争者（Competitor）3 个英文单词首字母的集合。——译者注

[②] 趋势（Trend）、时机（Timing）、目标（Target）3 个英文单词首字母的集合。——译者注

你需要在报告中阐明"为什么会发生这种情况（主要原因）"以及"解决办法是什么（应对方案）"。你可以根据接收者对于"紧急性"和"正确性"的重视程度，调整报告结构，优化标题（见表3-7，表3-8）。

表 3-7 重视紧急性的情况类报告条目

上司可能提出的问题	条目
发生了什么情况	情况、问题
为什么会发生这种情况	（推测的）原因
所以你现在是怎么处理的	应对方案

表 3-8 重视准确性的情况类报告条目

上司可能提出的问题	条目
发生了什么情况	情况、问题
为什么会发生这种情况	原因
所以你现在是怎么处理的以后有什么打算	应对方案以及后续解决方案
你要我怎么做	工作落实时的诉求

下面还是让我们通过实战演练来分析一下。为便于理解，我们就从日常生活中的例子入手，尝试将以下经历写成一份情况类报告。

有一天，我的胳膊无法动弹了，身体已经不受我自己控制，脖子也特别疼，无论是坐着还是躺着都很疼，就算一动不动也还是疼得泪水哗哗直流。面对这突如其来的情况，我辗转了多家医院，这才知道原来是因为我经常保持"乌龟颈"的姿势，神经受到了压迫。

知道了什么是"乌龟颈"以后，反观我平时的生活习惯才发现，原来在上班期间，我就爱用这种姿势写报告；下了班以后，还是用这种姿势写书。我在写书或写报告的时候有一个习惯，就是一旦坐到书桌前就不会轻易移动，很多次在吃过晚饭之后，我就一直坐在那里，写到第二天早上。为了不"浪费"宝贵的时间，我当然也不会做拉伸运动。我只有垫高枕头才能入睡，这也是"乌龟颈"的成因之一。此外，我还经常低着头用手机发消息，在疲惫的状态下坐着或站着都会驼背，和他人见面的时候会因为害羞而含胸驼背……一天24小时都低着头，很容易得"乌龟颈"。

　　在了解了"乌龟颈"及其成因后我才知道，原来在正常情况下，颈部可以承受约5千克的头部重量，而"乌龟颈"会造成颈部负重达到20～30千克。当颈部每时每刻都承受30千克的重量，自然会导致神经受到压迫，脖子疼痛、肩膀酸痛。

　　因为神经受到了压迫，整整两三个月，我的胳膊都无法动弹。幸亏得到及时治疗，我的胳膊才开始有了知觉。在那之后的3年里，我一直都在接受矫正治疗，一想到投入其中的金钱和时间，就想抹一把辛酸泪。"乌龟颈"不光导致我脖子疼，肩膀和头也疼。所以，镇痛药就成了我生活中必不可少的一部分，我吃药都快吃吐了。可以说，"乌龟颈"使我的工作和生活都变得无比艰难。

　　"乌龟颈"是长期不规范姿势引发的毛病，不是一朝一夕就能治愈的，我也经历了漫长的矫正治疗过程。脖子让我吃尽了苦头，如今我在观察别人的时候，会不由自主地从姿势开始。随着智能手机的使用率越来越高，大家仿佛都在朝"乌龟颈"的方向发展。尤其是在地铁上，我发现大家都在以这个姿势看手机，这真让人心急如焚。我想呼吁大家："朋友们，再这样下去，'乌龟颈'和颈椎间盘突出就找上门来啦！这些病会让人特别疼，也特别费钱！"

以矫正过程中的手法治疗为例，按照每周两次，每次15万韩元计算，那就相当于每年投入"15万韩元×2次×52周=1560万韩元"（不考虑套餐价格和保险优惠）。

假设上司对你说："大家怎么不是这里疼就是那里疼啊？你看看'乌龟颈'是怎么回事？"我们该如何写一份情况类报告把上面一大堆内容总结成一页纸报告呢？请参考一页纸报告3。一页纸报告4则说明了各项内容应该如何填写。

一页纸报告3

关于"乌龟颈"综合征（一年消耗1560万韩元）的情况分析报告

2022-2-23，市场行销部，朴信英副主任

1. 现状、问题	(1)"乌龟颈"患者增加：韩国5年内增加30万名患者，患者人数达到270万名 (2)"乌龟颈"治疗费用增长：2016年韩国"乌龟颈"导致的医疗费用达到4412亿韩元（年均增长5.8%） 例子：朴某一年内花费的治疗费用约为1560万韩元（每年治疗费用：15万韩元×2次×52周）

患者数（万名）

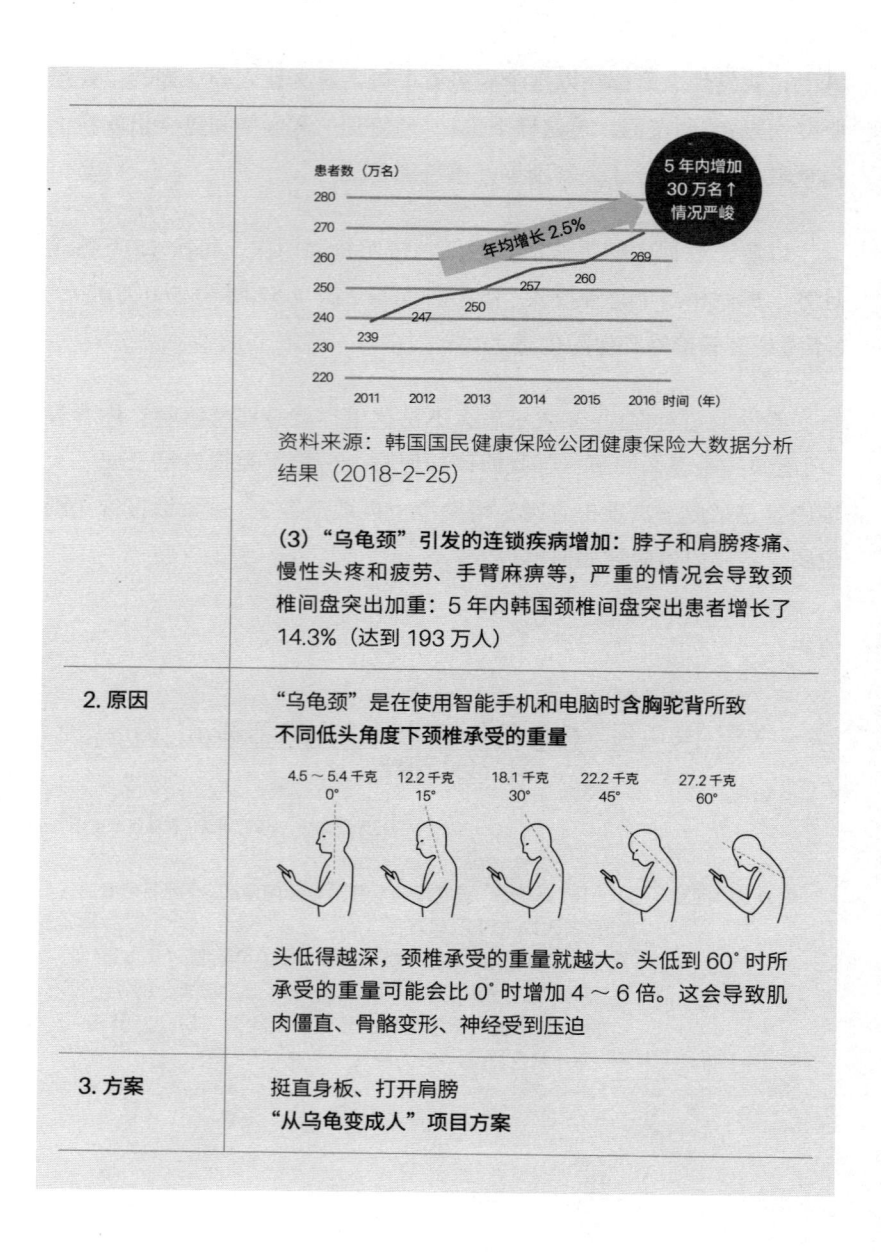

280
270 年均增长 2.5%
260   269
250   257 260
240   247 250
230   239
220
   2011 2012 2013 2014 2015 2016 时间（年）

5 年内增加 30 万名 ↑ 情况严峻

资料来源：韩国国民健康保险公团健康保险大数据分析结果（2018-2-25）

(3) "乌龟颈"引发的连锁疾病增加：脖子和肩膀疼痛、慢性头疼和疲劳、手臂麻痹等，严重的情况会导致颈椎间盘突出加重；5 年内韩国颈椎间盘突出患者增长了 14.3%（达到 193 万人）

2. 原因	"乌龟颈"是在使用智能手机和电脑时含胸驼背所致

不同低头角度下颈椎承受的重量

4.5～5.4 千克	12.2 千克	18.1 千克	22.2 千克	27.2 千克
0°	15°	30°	45°	60°

头低得越深，颈椎承受的重量就越大。头低到 60° 时所承受的重量可能会比 0° 时增加 4～6 倍。这会导致肌肉僵直、骨骼变形、神经受到压迫

3. 方案	挺直身板、打开肩膀 "从乌龟变成人"项目方案

4. 具体方案	（1）日常生活中需要做到以下 5 点： ①使用电脑时 • 挺直身板、打开肩膀，每小时抽出 5 分钟打开肩膀看天空。 • 购买显示屏增高架，让显示屏和视线处于一条水平线上。 ②使用智能手机时 • 让手机和视线处于一条水平线上。 • 每 30 分钟抽出 5 分钟打开肩膀看天空。 ③睡觉时 • 高枕头会诱发"乌龟颈"，加剧疲劳感，因此建议改枕高度适中枕头。 高枕头　　　高度适中的枕头 • 用谷物制成的热敷袋热敷肩膀。 ④走路或坐着时 • 挺直身板、打开肩膀。 ⑤平时 • 活动脖子、活动肩膀、伸懒腰拉伸、看天空。 • 坚持每天抽出 10 分钟立正贴墙站立。 （2）预算：总计 9.25 万韩元（显示屏增高架 3 万韩元 + 枕头 4.5 万韩元 + 热敷袋 1.75 万韩元） （3）负责人：自己 （4）期限：一周之内购买齐全后，一辈子坚持
5. 诉求	正在阅读本书的朋友们，请立刻活动 10 次肩膀

一页纸报告 4

关于 ×× 的情况分析报告

可加入可以体现严重性和重要性的数据

日期，所属部门，姓名，职务

1. 现状、问题	什么情况 （1）关于 ×× 的情况（简要概括，突出关键词） ①不要堆砌文字，依次编号，分条列举 ②不能只表达主观看法，标明依据（出示数据和表格）
2. 原因	为什么会发生这种情况 （1）用几句话归纳原因 （2）若有多条原因，依次编号，分条列举 （3）附上有助于理解原因的图片、有助于证明原因的依据和参考资料
3. 方案	怎么做 （1）用一句话归纳解决方案的关键词，将目标包含其中 （2）若有多条原因，依次编号，分条列举（即便不同情况存在多种原因，也可归纳为一句话） （3）表明还未对该方案进行决策 （4）若存在不可控因素，表明这是应对策略，而非解决方案
	附上有助于理解的重要图片
4. 具体方案	（1）按照不同的阶段、范围阐述，依次编号 （2）表明日程安排、负责人和预算
5. 诉求	（为推进方案实施）你要我怎么做 （1）阐述希望上司怎么做 （2）归纳需要与其他部门合作的内容

第3章　调整顺序，8种结构让你脱颖而出

当阐述问题（情况）时，如果只是列出数据，接收者可能体会不到问题的严重性。这时，第2章中介绍的"2What"提问法就派上用场了：现象 → 意义。

比如，"'乌龟颈'患者人数达到270万名"。看到这句话的时候，接收者会想："这是患者多的意思呢，还是什么别的意思？"

如果再具体一些，在经济活动人口[①]中"乌龟颈"患者占比为9.1%，也就是说10个人中就有一个人是"乌龟颈"患者。这下接收者就知道了，"原来这对于上班族来讲是一种常见病，情况很严重"。

如果接收者看到占比后还是感到疑惑，那不妨尝试按照以下方式说明："'乌龟颈'患者占比是$X\%$（每年增加），需要××治疗费用，易诱发××疾病。"这时，接收者也会顺着报告的思路进行思考，从颈部问题到费用问题，再到连锁疾病问题，然后意识到："原来脖子疼确实是个问题啊！"

所以，报告者在说明问题（情况）时，不能仅仅止步于讲述患者的增加，应从3个方面来分析：

1. "乌龟颈"患者增加（逐年增加）。
2. "乌龟颈"治疗费用增加。
3. "乌龟颈"诱发的连锁疾病增加。

第一条也不只是告诉接收者"'乌龟颈'患者占比是$X\%$"，而是

[①] 经济活动人口指16周岁及以上、有劳动能力、参加或要求参加社会经济活动的人口。——编者注

通过比较近年来数据变化，让接收者知道"乌龟颈"患者越来越多这一事实，从而进一步意识到问题的严重性。如果想要分析得更准确，除了按照时间序列分析法来比较不同时期的变化，还应通过横向分析法来比较"乌龟颈"在所有疾病中的占比。这样一来，接收者就能知道："哦，原来'乌龟颈'的患病率要比其他疾病高出这么多，原来这个问题这么严重啊。"

世界上有那么多疾病，我为什么拿"乌龟颈"来举例子呢？理由很简单，只是屈曲着坐在书桌前全神贯注地工作和学习，却遭遇了刻骨铭心的疼痛，这不免让人很委屈。我曾经还有过这种想法：早知道疼成这样，当初就不应该那么努力。不过，正因为努力过，我也收获了很多。现在，我的想法变成了"如果稍微注意一下姿势就好了"。所以，我想告诉正在努力工作和学习的各位，努力拼搏的结果不是病痛，而是美好且健康的生活。另外，"乌龟颈"预防起来相对容易，只要平时多注意自己的姿势，多做拉伸运动就可以。

情况类报告中的"问题"包含着多种可能性，容易造成混淆，故我们将其大致归纳成以下 3 类：

1. **真正的问题**：惊呼："哎呀！出大事了！"
   - 问题：哎呀，出大事了！
   - 原因：怎么就发生这种事了呢？是这样的。
   - 方案：所以应该这样做。
2. **没有实现预期目标的问题**：目标太远大，以目前的情况无法实现。
   - 情况：和目标相比，目前还存在不足，这是个问题。

- 原因：怎么就没达到目标呢？是这样的。
- 方案：如果想实现预期目标，就应该这样做。
3. **潜在的问题**：虽然事情还未发生，但放任下去可能会出大问题。
   - 情况：现在的情况是这样的。
   - 预期问题：如果现在不行动，可能就会造成某种不好的结果。
   - 方案：所以应该这样做。

关于颈椎间盘突出的成因，我咨询过很多人，也查阅了大量资料，阅读了相关书籍，还观看了相关的电视节目。因为，只有真正了解原因，我才能找到最合适的解决方法。但有时由于信息或时间比较有限，报告者没办法深入了解原因。

比如，在竞标的时候，上司让你去了解一下目前的情况。你首先要做的就是确认目前的真实情况。在寻找原因的过程中，你很有可能会面临信息有限、状况特殊等诸多情况，这时该怎么办呢？你可以根据自己推测的原因或假设的情景来制订对应的计划。正如前文所说，报告没有标准答案，但你不能因此就告诉上司自己找不到原因，然后两手一摊坐等下去。你应该有理有据地向上司汇报（见表3-9）："可以预想出A、B、C几种情况，面对这些情况，我们可以这样做。"

表3-9　用于了解情况的情况类报告条目

上司可能提出的问题	条目
什么情况	确认目前的真实情况、核心问题

续表

上司可能提出的问题	条目
怎么应对	推测原因 A、B、C，并说明相应的后续行动计划 A、B、C
哪个比较好	陈述行动计划 A、B、C 的依据和优缺点
你要我怎么做	工作落实中的诉求

先总结出几种计划，再分别陈述各计划的依据和优缺点，以取得上司的认可。这样做的好处就是，如果报告中推测的原因或假设的情景发生了，那么比起说"我去调查一下"，当场提出方案（在你已经推测出原因，提出对应计划，和公司达成了统一意见，并且知道自己的业务范围的前提下）显然是更优解。下面还是让我们通过一页纸报告 5、一页纸报告 6 实战演练一下。

一页纸报告 5

关于 P 项目的中期报告

为提高竞争力，应调整价格

2018-3-5，营业部，金圣智代理

1. 现状	招标截止日期：2018-3-31 买方：美国 F 公司 • 距 F 公司截止招标还剩不到一个月 • 本公司、H 公司和 S 公司进入最后竞争阶段 • 难以试探出 F 公司的想法（正通过当地代理商试探）

2. 核心问题	H公司在价格上占据优势、S公司在交付日期上占据优势、本公司在质量上占据优势，因此本公司必须要对交付日期和价格进行调整
3. 应对方案	（1）A计划：准备把报价降低到成本价的水平 （2）B计划：试探给出成本价的97%的可能性 （3）额外行动：与F公司负责人开会（出差）
4. 依据和优缺点	（1）A计划 本公司的报价比竞争对手H公司的现有最低报价高出5%以上 ・优点：若本报价（成本价）可行，有增强竞争力的可能性，因为价格优势占第二位，质量优势占第一位 ・缺点：若竞争对手也调整价格，则不会增大中标概率 （2）B计划 ・优点：若报价为成本价的97%可行，则大概率中标 ・缺点：跌破了成本价 考虑到F公司的知名度，即便报价低于成本价，本公司也会在市场上得到推广效果 （3）额外行动 ・进行对F公司和本公司之间技术水平的比较 ・需要增加一名技术部员工，在与当地决策者开会期间宣传本公司的技术水平
5. 协商诉求	（1）和技术部商讨是否有压低成本的可能性。 （2）和财务部商议确认两种报价的可行性。 （3）和本公司负责人汇报项目的重要性并申请出差。 ・选派出差人员 ・确定负责人

一页纸报告 6

关于 ×× 项目的中期报告

标题应一目了然,副标题用一句话归纳现状

日期,所属部门,姓名,职务

1. 现状	什么情况 (1) 概述 (2) 简要归纳状况或问题,突出关键词:与其站在第三方角度单纯阐述问题是什么,给人一种不负责任的态度,不如表现出自己为解决该问题正做出怎样的努力 (3) 提供数据依据,注明来源
2. 核心问题 (原因)	在这种情况下存在什么问题 / 怎么发展成这样的 归纳出需要采取措施的核心问题、推测的原因或假设的情景
3. 应对方案	怎么应对 根据推测原因或假设的情景 A、B、C,提出对应的计划 A、B、C
4. 依据和优缺点	哪个比较好 比较计划 A、B、C 的优缺点
5. 诉求	所以你要我怎么做 阐述工作中的诉求

在整理关于事件、事故和灾害的情况类报告时,我们可以按照以下顺序陈述:发生了这样的事故,因为这个(推测是这个原因)所以

采取了这样的措施，后续将这样处理。具体内容可以参考一页纸报告 7。

一页纸报告 7

关于……的现场报告

用副标题表达核心情况（例如某某事故多少人重伤）

上司可能提出的问题	条目
什么情况？	**概述事件** • 用 5W+H 分析法归纳事件，去掉"为何（Why）"
为什么会发生这种情况？	**发生原因** • 若了解原因，则阐述原因 • 若尚未了解原因，则表明正在寻找原因 • 阐述推测的原因
现在怎么样？	**措施和现状** • 总结不同对象（谁）都采取了什么措施
所以怎么做？	**未来（今后的影响）和相关应对方案** • 解决问题的层面 • 防范再次发生的层面
你想让我怎么做？	**工作中的诉求**

前文我们也说过，情况类报告在大多数情况下都讲究迅速，所以即便没有找到原因，也应该在报告中说明自己正在寻找原因，或者陈

述自己推测的原因。虽然在极其匆忙的情况下可以省略应对方案，但是站在接收者的角度，如果看到一份只罗列情况的报告，就会很难领会报告者的意图，甚至可能会认为报告者只是个不负责任的"信使"。所以我建议，哪怕报告做得再简略，也应该说明重点，如"可能会出现这种情况，应该这样应对，后续将汇报具体内容"。

工作改进类报告

工作改进类报告根据意图又可分为两种。

第一种：强调工作改进效果。

这类报告的核心问题是回答："真的好吗？"

与改进之前比，报告中提及的工作改进效果越明显，说服力就越强。从一页纸报告 8 和一页纸报告 9 可以看出，前后对比越一目了然越好。

一页纸报告 8

关于改进一页纸报告格式的方案

2020-2-23，集团文化部，朴信英主任

1. 目的

缩短工作时间，减少工作效率低下的现象
最典型的低效工作的例子就是做一份几十页的 PPT 报告，故应简化报告，采用一页纸报告

2. 现状、改进方案

问题	现状	改进
(1) 浪费时间	做PPT时，有50%的时间都花费在了设计外观上（20××年关于工作效率的调查问卷结果） →报告形式大于内容，造成加班现象	用一到两页Word文档取代PPT，并且全公司使用一个通用模板，以节约员工在设计外观上花费的时间
(2) 理解偏差	不同小组和部门使用的文档格式和用语都不同 →员工在整合和理解上耗费不必要的时间	报告格式：规定8项通用条目 报告用语：统一
(3) 效率低下	在准备公开汇报PPT上花费过多的时间 →会上无法有效讨论和决策	汇报前将一页纸报告共享给大家 →会上快速讨论和决策

3. 落实

对报告的格式和用语进行统一后，从下半年开始投入使用

	策划	协商	决策
具体内容	对报告的种类进行汇总，统一用语和格式，制定标准化模板	分小组、分部门进行提前协商，给出反馈意见	在全公司公布，让全体员工都可以掌握
期限	到何时为止	到何时为止	到何时为止
负责人	负责人	负责人	负责人
预算	多少钱	多少钱	多少钱

4. 效果

(1) 节约时间：300名相关工作人员每年在设计PPT上花费的时间为2小时/天×20天/月×12月×300人＝14 400小时

(2) 节省费用：每年用于PPT策划书上的费用包括5 000万张复印纸的费用、印刷费和墨盒费，采用一页纸报告合计每年可节省多少钱

5. 诉求

(1) 全体员工接受一页纸报告的培训教育
(2) 部门负责人及更高等级的领导接受认知教育

一页纸报告 9

关于改进……的方案

日期，所属部门，姓名，职务

1. 目的

因为什么？要改进什么？用一句话归纳

2. 现状、改进方案

问题	现状	改进
(1) 有这些问题	当前的情况是这样的 (可添加数据作为依据进行归纳)	以后要怎样改进
(2)		
(3)		

3. 落实

	第一阶段	第二阶段	第三阶段
具体内容			
期限			
负责人			
预算			

根据不同阶段进行归纳

第 3 章　调整顺序，8 种结构让你脱颖而出

---

4. 效果

改进后取得的明显效果
强调投入成本（时间、费用等），用数据突显结果

5. 诉求

按需阐述

如果需要为一页纸报告 1 中"简化公司内部报告"的创新任务写一份工作改进类报告，那么我们要做的就是在报告中阐述问题是什么（现状），如何改进，体现出改进前后的对比效果，说明怎样落实工作，最后会得到一个怎样的结果（见表 3-10）。

表 3-10　用于强调工作改进效果的改进类报告条目

上司可能提出的问题	条目
（投入金钱、时间和人力）为什么要这样做	目的（充分的理由）
现在的情况如何？要怎样改进	改进前后对比（展示表格）
怎样落实	具体计划（日程安排、负责人、预算）
这样做会得到什么	预期成果
你要我怎么做	诉求

第二种：告知对方问题的严重性，敦促改进工作。

这种工作改进类报告适用的情况是，报告者更加具体地描述出了问题的严重性，使接收者产生共鸣，然后促成工作的改进。为了使接收者意识到问题的严重性，报告者需要说明当前存在的问题，让对方

知道，如果报告中提出的问题无法得到改善，将会出现怎样的后果。具体条目请参考下表（见表 3-11）。

表 3-11 用于告知问题严重性的改进类报告条目

上司可能提出的问题	条目
所以你打算怎么做	结论（包括目的）
一定要做吗？现在是什么情况	现象、问题
为什么会发生这种情况	原因
如果问题得不到解决会怎样	预测问题
那应该怎么做	改进方案（将目标包含在内）
怎么落实（说得再详细一些）	具体计划（预算、负责人、日程安排）
然后呢	预期成果、前后对比（可选）
你要我怎么做	诉求（可选）

下面我们实战演练一下。最近，我一直在跟周围的朋友们讲"环境激素"这个严重的问题。让我们围绕这个问题写一份工作改进类报告。不同于前一种工作改进类报告，我们要在这份报告中加入预计可能出现的问题："如果不防范环境激素会怎么样？"

我刚结婚就因肿瘤摘除了一侧卵巢，在治疗子宫内膜炎的两年时间里，一直都处于闭经状态。如果只有这些问题，我觉得情况还没那么糟糕。但当我真正开始了解妇科肿瘤和子宫内膜炎的时候才发现，周围很多朋友都有这种疾病，其中大多数人都未婚。让我感到心痛的是，这些还没有结婚的女性朋友要服用那些可能导致闭经的激素类药物，还要承受那些药物带来的副作用。一位朋友向我推荐了《首尔电视台特别纪录片》(SBS Special)中的一期节目,名叫《环境激素的突袭》。看了这期节目之后我才知道,原来痛经症状越来越严重的不仅有我的同龄人,还有一些初中生。节目组从这群初中生中选出18个症状相对比较严重的孩子,对她们进行了一番较为详细的检查。其中,有16个孩子患有子宫内膜炎,而这种疾病可以导致女性的不孕不育。这一数据真是触目惊心。

那么为什么会发生上述情况呢?环境激素被认定为原因之一。什么是环境激素?简单来讲,它大量存在于塑料和含化学物质类的产品中,随着这些产品被人们广泛使用,相关疾病的发病率也呈激增趋势。打个比方,食用经微波炉加热过的装在塑料容器里的食物无异于在吃一顿热乎乎的"环境激素大餐"。我们点的外卖也大都装在塑料餐盒中,如果不想受环境激素的影响,就应该尽量减少点外卖的频率。

那么,环境激素和性激素之间存在着怎样的联系,才会导致生殖系统出现问题呢?环境激素和雌激素的化学结构相似,当环境激素进入人体时,它会干扰到真正激素的正常工作,引发多种生殖系统上的问题,从而导致不孕不育。不过也有一个好消息,节目组在另一期节目《身体负担第一部:子宫的警告》中为大家展示了一项实验。在这项为期8周的实验里,实验对象在日常生活中会刻意减少使用含有环境激素的产品。结果表明,这种做法确实可以降低痛经和子宫内膜炎的患病率。在主动摄入蔬菜和改善饮食习惯后,那些患有子宫疾病、担心自己会不孕不育的高中生,也在以肉眼可见的速度恢复健康。我周围的女性朋友们借鉴了上述做法后,痛经也得到了一定缓解。我和丈夫在看了相关视频以后,也共同努力改变自己的生活习惯。

一页纸高效沟通法　한 장 보고서의 정석

既然我们在日常生活中就可以做到轻松防范，为了避免更多人在不了解的情况下经历巨大的痛苦，我想把上述内容告诉给更多的人。

如果有人问我："听说最近患有子宫内膜炎的人很多……子宫内膜炎就像感冒一样特别常见……你说说看吧，应该怎样改善这种情况？"如何把我在上面说的这一大堆内容都归纳起来呢？下面请参考一页纸报告 10。此外请大家注意，我不是医学领域的专家，上述内容均基于个人经验和资料之上，具体治疗请听从医嘱。

一页纸报告 10

为预防生殖系统疾病激增，提议减少生活中的环境激素

2020-2-23，市场行销部，朴信英副主任

结论	生殖系统疾病发生的主要原因是环境激素的摄入，为减少该类激素，有必要改善 3 类习惯
1. 现象、问题	（1）韩国子宫肌瘤患者在 4 年间增长了 19% 患者数（万名） 36 ───────────── 　　　　　　　　　　● 4 年间增长 34 ────────── 34　 19%↑ 32 ───────────── 30 ───────────── 　　● 28.6 28 ───────────── 　　2012　　2016　时间（年） 资料来源：韩国健康保险审查评价院

100

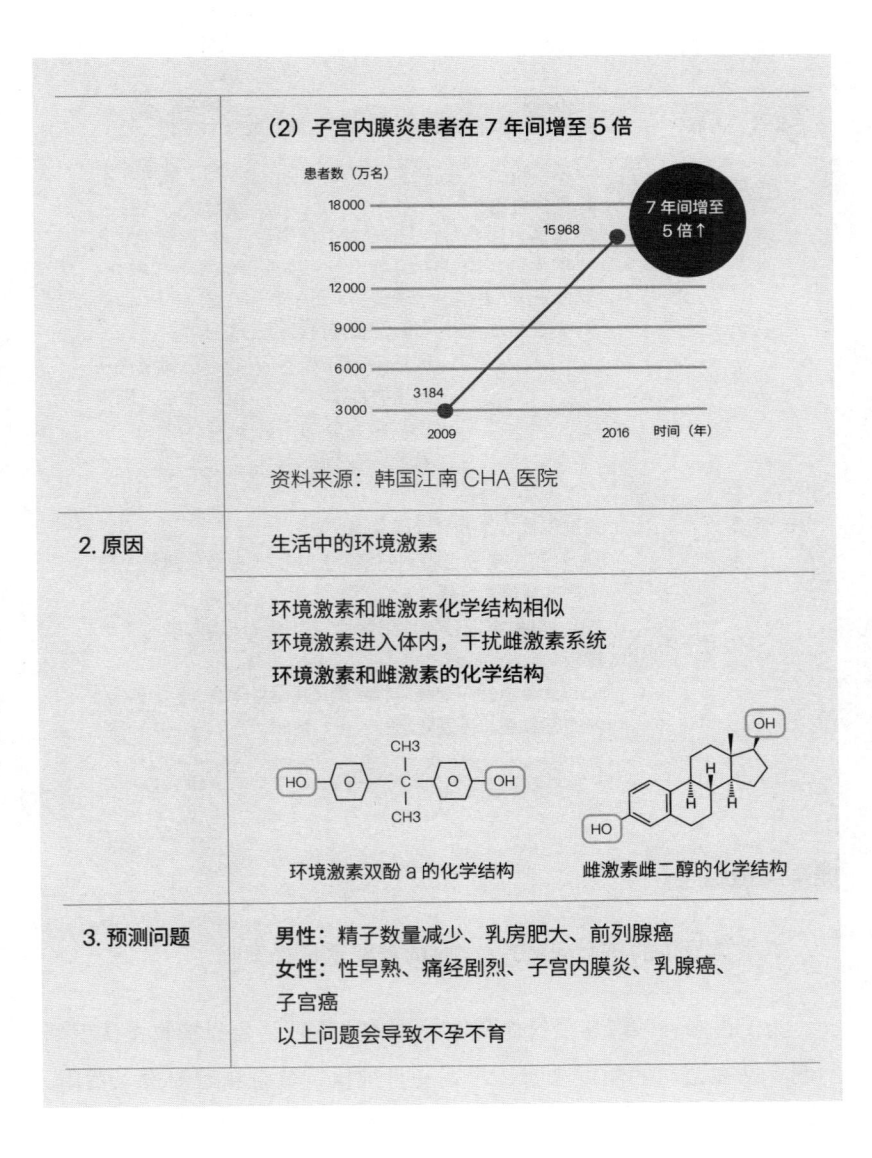

	(2) 子宫内膜炎患者在 7 年间增至 5 倍 患者数（万名） 18 000 15 000　　　　　　　15 968　　　7 年间增至 5 倍↑ 12 000 9 000 6 000 3 000　　3 184 　　　　2009　　　　　　　2016　时间（年） 资料来源：韩国江南 CHA 医院
2. 原因	生活中的环境激素
	环境激素和雌激素化学结构相似 环境激素进入体内，干扰雌激素系统 **环境激素和雌激素的化学结构** 环境激素双酚 a 的化学结构　　雌激素雌二醇的化学结构
3. 预测问题	**男性**：精子数量减少、乳房肥大、前列腺癌 **女性**：性早熟、痛经剧烈、子宫内膜炎、乳腺癌、子宫癌 以上问题会导致不孕不育

4. 改进方案	目标：为将环境激素降至为零，需养成3种习惯
	<table><tr><td>食用易排出环境激素的食物</td><td>尽量不使用塑料</td><td>尽量不使用含环境激素的产品</td></tr><tr><td>水和富含膳食纤维的食物，如蔬菜糙米饭、绿茶、海带等</td><td>(1) 尽量不使用塑料容器：外卖餐盒、泡沫塑料、纸杯等 (2) 禁止用微波炉加热盛放在塑料容器里的食物 (3) 塑料袋内不装温度高的食物</td><td>(1) 提前确认化妆品、洗发水、香水等产品的成分 (2) 尽量避免使用杀虫剂、除臭剂等产品</td></tr></table>
5. 诉求	通过观看3个视频获得具体信息： (1)《首尔电视台特别纪录片》中的《身体负担第一部：子宫的警告》特辑 (2)《首尔电视台特别纪录片》中的《环境激素的突袭》特辑 (3) Channel A 有线电视台的《我是身体之神》中的《体内的假激素，环境激素的攻击》特辑

提案类报告

提案类报告的核心问题是："真的需要这份提案吗？"

为了说服接收者接受这个提案，重中之重就是要让接收者认识到问题。站在公司的角度来看，提案一旦被执行就意味着要投入费用。换言之，执行提案就相当于投入人力、时间和经费，公司需要一个说法来证明某个问题是真正需要投入这笔钱的。因此，我们应该在报告

第 3 章　调整顺序，8 种结构让你脱颖而出

中总结出接收者认为严重的问题，而非自己认为严重的问题。

举个例子，假设你是一名人事部主任。最近，员工们一直都在加班，他们接二连三地病倒了，公司的氛围也受到了影响。老板要你想一个解决方案，然后汇报给他。如果你单纯地站在自己的立场上表示心痛，这种方案是苍白无力的。你的报告提纲如下：

1. 站在报告者的立场上提出的问题：因员工生病而感到心痛。
2. 问题：员工生病。
3. 方案：公司为员工提供健康保障。

但站在公司的立场，老板会觉得"凭什么要我或公司出钱"。那么，为什么公司要为员工提供健康保障？站在公司的立场，报告者应该这样想：

为什么公司要为员工提供健康保障？
→若员工生病，公司需要报销的医疗费用也会增加。
→若员工请病假，则需要扩充人力，这也同样需要资金。
→此前培养员工时已经投入了一定的费用，若员工因病离职，这笔费用也是一笔不小的损失。
因此，员工生病意味着公司损失大量金钱。

如果这样表达，老板就可以接受了。接下来，考虑到公司看重的是数据而不是泛泛而谈，那么我们就应该计算该提案可以节约多少医疗费用，并将其植入报告标题：

（前）报告者的立场：
为保障员工健康，
建议实施"健康经营"战略

vs.

（后）老板或公司的立场：
为节约公司 10% 的医疗费用，
建议实施"健康经营"战略

同理，在描述问题时，也应避免从自己的立场出发，告诉老板"最近有 $X\%$ 的员工生病了"，而要从公司或上司关注的问题出发，表明"最近公司的医疗费用增长了 $X\%$"。这样一来，你的提案才能在老板眼中变成一个"需要尽快解决、尽早接受的提案"。

所以，提案类报告的重点就是，站在接收者的角度描述具有说服力的问题，并在提出解决问题的方案后，分析该方案的比较优势（"经过一番比较之后，这个方案听着还不错吧"），或者举例子证明（"大家都爱这样处理，效果也不错"）。这样才能合理赢得接收者的信任。

将上述内容整理成如下表格（见表 3-12）。

表 3-12 站在接收者角度描述问题的提案类报告条目

上司可能提出的问题	条目
为什么	问题（有时也包含探讨背景）
那是为什么	原因
所以呢	提出方案、对策（将目标包含在内）

续表

上司可能提出的问题	条目
这是最佳选择吗 别家公司这样做之后,效果如何	比较优势、例子
所以要怎么做	执行计划
值得一试吗 这样做会得到什么	预期成果(若与目标重复,可省略), 成果的形态(工作过程中,共享最终成果的形态)

也可以在报告开头就提出目标,例如"目标是这样的,我打算这样做"。从结论入手,对情况(问题)进行说明(见表3-13)。

表 3-13 在开头提出目标的提案类报告条目

上司可能提出的问题	条目
通过这个提案可以得到什么	目标(可由标题代替)
为什么	问题
那是为什么	原因
所以呢	方案
这是最佳选择吗 别家公司这样做之后,效果如何	比较优势、例子
所以要怎么做	执行计划
值得一试吗 这样做会得到什么	预期成果(若与目标重复,可省略), 成果的形态(工作过程中,共享最终成果的形态)

据调查,2017年日本大型企业支出的医疗费用约为41万亿韩元。大家工作都太拼命了,才导致疾病经常找上门。日本百利达公司为保

障员工的健康，采取了食谱管理、健康数据监控等一系列实质性措施，这也成了一个热议的话题。让我们以这个例子为对象，写一份提案类报告，具体请参考一页纸报告 11。一页纸报告 12 则是对应的标准化模板。

一页纸报告 11

为节约公司 10% 的医疗费用，建议实施"健康经营"战略

2018-2-26，人事部，朴信英主任

1. 问题	公司医疗费用增加（比去年上涨了 3.6%，比 10 年前上涨了 20%） 用图表说明近年来医疗费用的增加趋势
2. 原因	频繁加班、缺乏运动、刺激性饮食习惯导致员工身体健康出现状况 →不单单是医疗费用的增加，因请病假而暂停工作甚至离职的员工也会增多（因请病假而暂停工作的员工比去年增长了 1.3% ↑）
3. 方案	只有员工的身体健康，公司才能正常运转 利用应用软件实施"健康经营"战略
4. 例子	（1）阿迪达斯日本 通过"Health Care"健康经营服务来管理员工的健康数据 （2）日本电信公司 NTT DoCoMo 通过"Docomo Health Care"查看并管理员工的健康状态

5. 执行计划	利用应用软件实施"健康经营"战略的 3 点建议 (1) 监控数据,"既要健康,也要赚钱" 　①测量体重/体脂:每两周用员工证测一次(员工证里嵌入识别每位员工身份的芯片)。 　②运动量测量仪:测量步数。 每月根据数据以颁奖、发放奖金的方式激励员工 (2) 管理食谱,"500 千卡就够了" 少盐饮食:开发食谱,用 500 千卡热量的食物,让员工既可以吃饱又可以品尝到美味 (3) 保障运动,"没有时间运动?在公司做" 运动会:每周利用工作时间召开两次运动会(周三、周五 14:00～15:00) 　①预算:总共花多少钱(附上具体内容)。 　②负责人: 　③日程安排:分为 5 个阶段。 | 策划 | 宣传 | 执行 | 决策 | 措施 | |---|---|---|---|---| | 到何时为止 | 到何时为止 | 到何时为止 | 到何时为止 | 到何时为止 | ※ 提前进行宣传,消除员工的抵触心理,避免员工误解公司连自己的健康状况都要监视
6. 预期成果	(1) 公司的医疗费用:减少 10%(比较减少的费用) (2) 宣传公司形象:当作宣传素材 附上报道的例子:标题是"员工都生病了,公司还会正常运转吗?" (3) 产出内容:推荐食谱——"100 种少盐菜单,让您用 500 千卡就能填饱肚子"

一页纸报告 12

关于……的提案

简要概括，突出关键词，加入目的或目标。

日期，所属部门，姓名，职务

1. 问题	为什么 简要整理出可以让对方意识到严重性的问题 附加可以证明问题严重性的定量表格、定性采访
2. 原因	那是为什么 用一句话进行归纳 若无法用一句话归纳，则依次按照顺序进行编号
	添加说明、数据
3. 方案	所以呢 用一句话归纳自己的目的 若无法用一句话归纳，则依次编号，分条列举 也可以用副标题辅助说明
4-1. 例子	这是最佳选择吗？别家公司这样做之后，效果如何 阐述其他公司的做法 其他公司：什么事情→如何执行，最好提供与结果有关的数据
4-2. 比较优势	跟其他方案比，优势在哪里 通过表格来比较分析自己方案的优势
5. 执行计划	所以要怎么做 依次编号，分条列举，对每一项做具体说明
	附上预算、负责人、日程安排

6.预期成果	值得一试吗 阐述预期成果（定量效果、定性效果） 若有多种成果，则按照顺序进行阐述（依次编号、分条列举）

　　这种提案类报告适用于问题出现的初期，还有另一种提案类报告适用于问题已经发生且采取了某些措施后，还需要做进一步补救的时候。打个比方，假如我是上司，我说："既然有这个问题，大家怎么都坐视不管？"这时，如果作为员工的你向上司汇报之前都采取了怎样的措施、取得了什么样的成果以及存在怎样的瓶颈，就可以获得更好的效果。例如，你可以说："没有不管啊，我们之前是这样处理的，以后还打算这样做。"简而言之，就是按照先讲问题和目前的处理方法、后讲将来的措施的顺序进行汇报（见表3-14）。

表3-14　适用于问题发生后的提案类报告条目

上司可能提出的问题	条目
为什么	问题
那是为什么	原因
之前没采取什么措施吗	之前采取的措施、取得的成果和存在的瓶颈
所以呢	安全方案
这是最佳选择吗 别家公司这样做之后，效果如何	比较优势、例子（可选）
所以要怎么做	执行计划
值得一试吗	预期成果（可选）

当然，并不是一定要有问题出现才能使用提案类报告，当我们为达到某种目的而制订某个计划时，也可使用精简版提案类报告，只需回答下表的 3 个问题即可（见表 3-15）。

表 3-15　适用于制订计划的精简版提案类报告条目

上司可能提出的问题	条目
为什么（这个提案的目的是什么）	目的
所以呢	方案（包含目标）
所以要怎么做	具体执行计划

下面让我们来研究一下关于新产品的提案类报告。报告者在做这类报告时往往不仅需要同时推进大批项目，还需要整理大量冗长的文件资料，但当我们向顶层领导进行汇报的时候，最好还是把报告整理成一到两页。

在新产品的提案类报告中，我们应该怎样归纳呢？可参考如下思路（见表 3-16）：为解决谁（Whom）的什么问题（Why）开发了这样的产品（What），这是该产品的比较优势，以及与其他产品的差异（What else）。若采用这种战略（If），预测可以得到这样的结果或反应（How）。

表 3-16　用于研究新产品的提案类报告条目

上司可能提出的问题	条目
谁 哪种群体存在问题 哪种群体一定会购买	核心目标

续表

上司可能提出的问题	条目
这些人为什么会购买	问题、原因
所以呢	方案 核心信息 核心形象
不是还有别的产品吗 哪个更好	比较优势、差异化
所以怎么落实工作	执行计划
预期成果是什么 预期效果是怎样的	本公司的预期成果 客户的预期效果

综上所述,我们应该把以下 5 点信息明确传达给上司:

1. 核心目标:该群体的人可能会购买。
2. 解决的主要问题:我们可以解决该群体的这种问题。
3. 比较优势:虽然别家公司也可以解决这种问题,虽然已经存在解决办法,但我们的方案更胜一筹。
4. 用一句话归纳:给对方留下印象。
5. 附加一张图:加深对方印象。

计划类报告

计划类报告可分为执行计划类报告和活动计划类报告两种。

第一种:执行计划类报告。

执行计划类报告的核心问题是:"怎样去做?"当已经明确某件

事为什么要做和该怎样做之后,下一个步骤就是分享具体计划,这时需要的就是执行计划类报告(见表 3-17)。

表 3-17 用于分享具体计划的执行计划类报告条目

上司可能提出的问题	条目
什么项目	概述
怎么做	计划 具体计划
你要我怎么做	诉求

下面,我们还是来实战演练一番,请参考一页纸报告 13。一页纸报告 14 则说明了各项内容应该如何填写。

一页纸报告 13

新世界百货竹田分店开业计划

2018-2-26,市场部,朴信英主任

1. 概述	计划于 2020 年 2 月 23 日开业 梅西果汁第 × 家分店——竹田店计划开张
2. 落实	3 个阶段 (1) 具体事项协商 (2) 装修 (3) 开业准备

第 3 章　调整顺序，8 种结构让你脱颖而出

顺序	具体内容	5月 第1周	第2周	第3周	第4周	6月 第1周	第2周	第3周	第4周	7月 第1周	第2周	第3周	第4周
(1) 具体事项协商	和新世界百货协商	■											
	分析指南		■	■									
(2) 装修	设计和购买				■	■							
	整体装修						■	■					
	细节装修								■				
(3) 开业准备	具体物品制作									■			
	检查 A、B 领域										■		
	检查细节												■

- 具体事项协商负责人：朴信英（5月1日提交中期报告）
- 装修负责人：金圣智（7月6日提交中期报告）
- 开业准备负责人：金林（7月27日提交最终报告）

3. 协商	协商预算（比原有预算高 5%：更换墙体装饰材料） 对装修品牌的政策进行最后检查（附件）

一页纸报告 14

关于 ×× 的计划

日期，所属部门，姓名，职务

1. 概述	什么项目 简要归纳，让上司想起这个项目 目标计划（日期、项目名字等）

113

2. 计划	怎么做 大致说明将分为几个阶段、按照怎样的顺序进行
3. 具体计划	负责人、日程计划表、项目表格
4. 诉求	你要我怎么做 阐述需要和上司进行协商的事宜及其他诉求

第二种：活动计划类报告

活动计划类报告的核心问题是："活动该怎么进行？"在回答这一问题之前，可能得先回答上司的另一个问题："公司为什么既要投入金钱，又要投入人力来举办这个活动？"因此，我们在报告开头应该先对为什么要举办这次活动进行合理解释。请参考下表（见表3-18）。

表3-18　用于解释活动原因的活动计划类报告条目

上司可能提出的问题	条目
（投入金钱和人力）这么做的目的是什么	目的
怎么做	方向 基本概述 具体内容（日程安排、预算、负责人）
你要我怎么做	诉求（可选）

我不想对工作产生抵触情绪，所以特别喜欢抽出一段时间放下手机、远离工作，放任自己发呆。不过，当我听说韩国居然有一个叫"发呆大赛"的活动时，我还是惊讶万分。韩国歌手申孝燮就曾在汉

江发呆大赛中获得了冠军,这在当时也引起了不小的热议。能策划出如此新颖的活动已经很了不起了,而能够成功举办这样的活动更让人感觉不可思议。

美国神经学家马库斯·赖希勒(Marcus Raichle)博士的研究表明,当人们停止做任何认知活动的时候,反而会激发大脑某个特定部位(脑前额叶、颞叶、顶叶)活动,迸发出新的灵感,某种特定的执行能力也会得到提升。原来,时不时地休息一下竟然比一直工作更高效!即便参加不了发呆大赛,偶尔给自己一段放空的时间也是十分重要的。

虽然发呆大赛的目的是重新定义"发呆",但如果这是企业举办的活动,就要考虑能否盈利或者能否起到宣传形象的作用。现在,假设我是一名销售,正在推销一款名为"零压力"的饮料,其作用就是缓解大脑疲劳。我们该如何将这款饮料与发呆大赛结合起来呢?一页纸报告15就是我写的计划。一页纸报告16则介绍了每一项应该怎样填写。

一页纸报告 15

"发呆大赛"活动计划

2018-2-26,策划组,朴信英主任

1. 目的	本公司的零压力饮料和发呆大赛有相通之处,通过赞助该大赛,展示这款饮料,达到宣传饮料功能的目的

	（参考）发呆大赛 现代人的大脑一直都处于一种超负荷运转的状态，导致生产效率低下、慢性疲劳和抑郁症患病率增大。发呆大赛以"大脑需要休息"为前提，已经连续 4 年成功举办，得到了媒体的持续关注（媒体报道过 × 次），2016 年歌手申孝燮夺冠成为话题（相关新闻 × 条）
2. 方向	**在大赛中展示零压力饮料** （1）奖杯：制作成饮料瓶的样子 （2）活动期间：免费提供饮料，请大家"在发呆的时候喝一杯吧"
3. 概述	（1）活动名称：发呆大赛 （2）对象：想放松大脑的人 （3）地点：×× 大桥桥下 （4）时间：2017-4-30 15：00 ～ 18：00 　①选手征集：2017-4-3 ～ 4-6 　②选手公布：2017-4-10（均通过公司官网和社交网站进行） （5）承办：韩国艺术家"令人惊讶的女士"（Woops Yang）首尔市汉江事业本部
4. 计划	日程表（大会时长总计 3 个小时，具体活动为 1.5 个小时） （用方框圈出集中展示产品的时间段） | 时间	具体内容	负责人
---	---	---
00：00 ～ 00：00	登记选手编号	
00：00 ～ 00：00	发呆体操	
00：00 ～ 00：00	**具体活动**	
00：00 ～ 00：00	评选获奖选手	
00：00 ～ 00：00	**颁奖仪式**	
00：00 ～ 00：00	合照		

第 3 章　　调整顺序，8 种结构让你脱颖而出

	预算（共计多少钱）	
	条目	估价
5. 诉求	协商活动当天派遣多少名员工	

一页纸报告 16

"活动名称"活动计划

日期，所属部门，姓名，职务

1. 目的	（投入金钱和人力）这么做的目的是什么 简要归纳目的
2. 方向	怎么做 归纳活动的核心信息、关键点、核心方法论
3. 概述	(1) 归纳活动信息，依次编号，分条列举 (2) 一边思考为什么（为什么是这群人？为什么在这里？为什么这样进行？为什么按照这个顺序？）一边说明，更具有深度和说服力
4. 计划	归纳出上司应该知道的日程安排、预算、负责人 **具体日程表**（归纳出活动总共需要多长时间）

	时间	具体内容	负责人
	预算（标明总计金额，并在表中列出明细）		
	条目	估价	
5. 诉求	你要我怎么做 依次按照顺序进行编号，归纳出需要和上司协商的内容、诉求		

出差类报告

出差类报告的核心问题是："（花了这个钱以后）收获了什么？"

如何回答这个问题十分重要。曾经在我对出差类报告无从下手的时候，一位前辈建议我："让上司感觉'这个员工不是去玩的，机票钱不白花'就可以了。"

这么一想，出差类报告似乎就没那么难写了。也就是说，这份报告应该归纳出的内容是"出差的理由有这些，我这次出差是为了做这些事情"（见表3-19）。

表 3-19　用于归纳事由和事项的出差类报告条目

上司可能提出的问题	条目
因为什么出差	出差的目的、目标（出发前共同商讨）
这次出差收获了什么	成果
具体做了什么呢	具体成果
你要我怎么做	诉求

除了上表中的内容，还有另一个需要汇报的重点，即如果这次出差没有达到预期目标，那该如何写报告呢？此时，我们不能单纯地把"做不到"作为结论，而是应该在报告中分析失败的原因是什么，以后怎么做会比较好。提倡这种报告文化并不是为了追责或问责，而是为了分享失败的原因，以免重蹈覆辙，同时为以后的业务升级打下基础。

公司为什么十分重视阐述失败原因的报告呢？因为这就相当于围棋里的"复盘"。德国作家罗尔夫·多贝里（Rolf Dobelli）曾说过："如果在报告中只提成功的案例，却把那些没能实现目标的失败案例悄悄掩盖起来，就相当于把弓箭射出去之后，在那周围又画出一个靶子。"若想谋求真正的发展，就应该营造出一种乐于记录和分享失败的文化氛围（见表 3-20）。

表 3-20　用于阐述失败原因的出差类报告条目

上司可能提出的问题	条目
因为什么出差	出差的目的、目标（出发前共同商讨）
这次出差收获了什么	成果

续表

上司可能提出的问题	条目
具体做了什么呢	具体成果
为什么没有达到目标	未达成目标的原因
今后要怎么做	后续将完善的内容
你要我怎么做	诉求

假设我们在出差之前立下了 3 个目标,那么就应该在报告中分条列举目标、成果、未达到目标的原因,并依序编号,以便上司理解。下面请参考一页纸报告 17。关于每项内容具体应该怎样填写,请参考一页纸报告 18。

一页纸报告 17

C 项目出差报告

地点:伦敦 时间:2018-2-1 ~ 2018-2-7

2018-2-26,营业部,金圣智代理、朴信英部员

1. 目标(出发前共同商讨)	(1) M 公司:签署载重 11.2 万吨船舶的合约(共 8 艘) (2) C 公司:协商 H1428 号船(在建)的质量问题 (3) G 公司:和商船负责人(Pre 先生)见面并进行宣传
2. 成果	(1) 合约签署成功 (2) 就 H1428 号船的部分质量问题达成一致意见 (3) 与 G 公司商船负责人的会议失败

3. 具体内容	时间：2018-2-2 地点：M 公司总部的接待室 出席人员：M 公司副社长（马先生）和采购负责人（乌利先生） 内容：对目前协商的内容无任何异议，签署合约（8 艘船）签署合约后共进晚餐，并商讨后续项目（将另行汇报）
	时间：2018-2-3 ～ 2018-2-6 地点：C 公司总部大会议室 出席人员：C 公司技术理事（瑞奇先生）和 3 名工程师 内容：同意韩国制造商使用安装压载水处理系统（BWTS）不喜欢电解方式，喜欢臭氧方式，应另作协商
	时间：2018-2-7 内容：G 公司商船负责人（Pre 先生）突然去国外出差因客户日程安排突然改变，导致无法实现额外的宣传
4. 未达成目标的原因	（1）无 （2）没有做好充足的准备，无法应对客户突然改变的喜好 （3）因对方未告知当天日程安排上的变动，导致应对失败
5. 后续将完善的内容	（1）无 （2）准备技术开发组和买方可能需要的资料（到何时为止） （3）在双方无法与会的情况下，写一页纸提案类报告传达给对方
6. 诉求	（1）无 （2）相关内容 　　①和技术开发组开会讨论臭氧方式相关内容，整理购买企业名单 　　②初步商讨买方可能需要的资料 （3）无

一页纸报告 18

××项目出差报告
标明出差地点、时间

日期，所属部门，姓名，职务

1. 目标（出发前共同商讨）	因为什么出差 按顺序依次整理出差前提出的各项议题，说明出差的目的
2. 成果	这次出差收获了什么 （1）汇报各项成果（什么成功了、对什么全部/部分达成了一致意见、什么失败了等） （2）若条目多且复杂，可分多个表格归纳成果（成功、失败等） （3）若是可以简要概述的案例，则像一页纸报告 17 一样在一个表格中归纳目标和成果 |	出差的目标	成果 | |---|---|---| | M 公司	签署 11.2 万吨船舶的合约（共 8 艘）	合约签署成功 | | C 公司	协商 H1428 号船（在建）的质量问题	就部分问题达成一致意见（需额外商讨关于方式的问题） | | G 公司	和商船负责人（Pre 先生）见面并进行宣传	与 G 公司商船负责人的会议失败 |
3. 具体内容	具体做了什么呢 归纳各个条目的具体内容（时间、地点、出席人员、主要商讨内容和落实）

4. 未达成目标的原因	为什么没有达到目标 若有未达到目标的项目，则分别归纳原因
5. 后续将完善的内容	今后要怎么做 以未达到目标的项目为对象，总结行动计划
6. 其他	你要我怎么做 归纳后续完善工作时的必要事项、协商内容

同样的道理也适用于会议类报告和联络类报告。如果上司问你："你们接洽得怎么样？"无论是用书面报告（纸质/邮件），还是口头汇报，你都可以按照上述各项内容进行归纳。会议结束后的汇报尤为重要。假如你是上司，你的下属开完会回来却一点儿消息都没有，你难道不着急吗？下属应该把自己在会议上收获了什么、有什么情况、今后打算怎么做这些内容汇报给上司。如果本次会议是双方初次见面，那么可以通过交换名片了解对方与会人员的职务和联系电话，及时向上司和协作部门分享这些信息也是十分重要的（见表3-21）。

表3-21　用于汇报接洽信息的出差类报告条目

上司可能提出的问题	条目
什么项目	分享和对方与会人员接洽时的重点（职务、联系电话）以及会议基本信息
你们见得怎么样	成果、协商内容
所以怎么做	具体流程
你要我怎么做	诉求

一页纸报告 19 模拟了下属出差回来通过邮件向上司汇报工作的情况。

一页纸报告 19

邮件标题：（共享会议结果）关于 2018 年下半年"培训提案报告"项目和讲师朴信英开会的结果
邮件内容：
×× 部门/×× 代理：
　您好！
　我是 ×× 部门的 ××。
　这是就 2018 年下半年"培训提案报告"项目和讲师朴信英开会的结果。

会议概述	时间：2018-2-23 地点：良才站策划学校办公室 出席人员：讲师朴信英、组长金圣智
协商内容	2018 年下半年"培训提案报告"项目 • 关于课程安排的部分已达成协议（按照组长重视的以"逻辑"为主） • 已确定上 6 次课 • 已确定日期
具体内容	1. 每人写一份提案报告 　（1）对象：自愿报名 60 人（采取小班教学方式，每次 10 人）。 　（2）时间：2018 年 9 月第 1 周～10 月第 2 周（每周一、周二）。 　（3）课题：每人写一份提案报告并进行公开演讲。 2. 评选出优秀提案报告后进行整合 　（1）对象：从 60 份提案报告中评选出 6 份优秀或推荐的报告。

第 3 章　调整顺序，8 种结构让你脱颖而出

	（2）时间：2018 年 10 月第 3～4 周（每周一、周二 共计 4 天）。 （3）课题：整合成一份提案报告并面向领导进行公开演讲。
	费用：多少钱 预算：多少钱
诉求	确定主题：需要选定提案报告的主题 确定领导：需要选定第 2 轮公开演讲时参与评审的领导

关于诉求部分的内容还需要同您进一步协商，<u>请您告诉我一个方便的时间</u>。
谢谢！
此致
敬礼！
　　　　　　　　　　　　　　　　　　　　　　　　　××

接下来，让我们依次分析邮件的各组成部分：

邮件标题：（共享会议结果）关于 2018 年下半年"培训提案报告"项目和讲师朴信英开会的结果

在标题前用括号标出邮件的目的，这样接收者很容易就能明白这封邮件的主旨。邮件的目的可以概括为汇报、共享、诉求、委托、联络、协商、传达、资料、公告、参考、请求资料、请求提问、附件等，表明目的之后再写关键词，例如"关于 ×× 项目 ×× 的结果"，文字越精炼越好。上述例子是报告者为了协商关于如何培训员工写提案报告能力这个项目的相关事宜，和讲师朴信英开了一次会，所以邮

件标题可提炼为"关于2018年下半年'培训提案报告'项目和讲师朴信英开会的结果"。我们也可以在标题中先表明是什么事件，然后再提出诉求：

邮件标题：（2018年下半年"培训提案报告"的案例文件）请求共享

邮件标题没有固定格式，大家可以根据公司的要求进行调整。重点在于，邮件的标题应以关键词为主。

这一点为什么重要呢？因为我们在日后总会需要查找邮件。如果邮件标题写的是"我是朴信英""您好""我要向您汇报工作"这样的内容，我们就很难快速找到自己需要的那封邮件，不得不一封一封打开确认，这多让人着急啊。大家每天都要处理大量邮件，在邮件标题中标明关键词，可以大大提高工作效率。在以下两种表达方式中，后者更清晰明了：

我是朴信英

vs.

附件：A项目的会议记录

或

A项目的会议记录：给您附上附件内容

同样的附件，按照"××项目_记录日期_记录人"或"××项目_主题_记录日期_记录人"格式命名的文件更能让人眼前一亮。如果文件存在多个版本，则需要在文件名的末尾标明这是第几版，这

第 3 章　调整顺序，8 种结构让你脱颖而出

样接收者就不会混淆。在以下两种表达方式中，后者更清晰：

汇报相关内容 .docx

vs.

简化报告 _ 报告分类 _20200223_ 朴信英 _ver.3.docx

我们可以这样撰写邮件的开头：

邮件内容：
××部门或××代理：
　　您好！
　　我是××部门的××。→简单的问候
　　这是关于 2018 年下半年"培训提案报告"项目和讲师朴信英开会的结果。→发邮件的目的

虽然我们也可以在正文部分罗列一大堆内容，但如果像下表一样以表格的形式分条列项地进行系统性阐释，则更加一目了然（见表 3-22）。

表 3-22　用于系统性阐释内容的表格

条目	内容
会议概要	
协商内容	
具体内容	
诉求	

如果难以像上表一样归纳，至少也应该依次编号，逐条列举，因为堆砌在一起的文字真的很难读懂：

1. 会议概要
2. 协商内容
3. 具体内容
4. 诉求内容

在进行一番系统性的阐述之后，就可以在邮件结尾表明自己的诉求，例如"请您这样做""请您就什么给出答复"等：

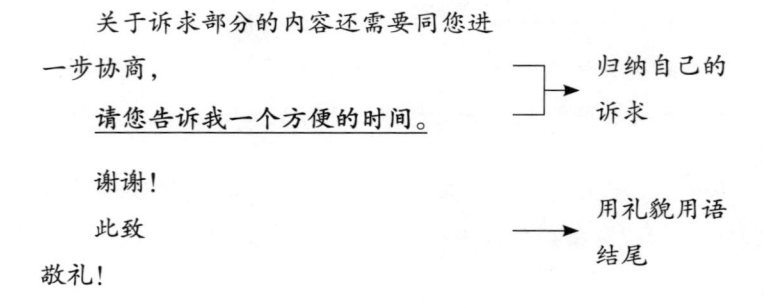

关于诉求部分的内容还需要同您进一步协商，
<u>请您告诉我一个方便的时间。</u> ⟶ 归纳自己的诉求

谢谢！
此致
敬礼！ ⟶ 用礼貌用语结尾

换句话来讲，邮件的核心可以归纳为你想传达给对方的话，以及对方应该做的事。如果你的邮件很长，对方就有可能在读完邮件之后反问你："所以你想让我怎么做？做什么？"所以你应该在结尾处用横线画出重点，让对方知道你的诉求。当然，一定要在邮件的开头和结尾处进行一番礼貌性问候，这样能让对方感受到尊重，进而更容易接受你的请求。一上来就"指点江山"的行为很不可取。此外，如果自己想到什么就写什么，到头来这封邮件只是文字大量无序的堆砌，

第 3 章　调整顺序，8 种结构让你脱颖而出

对方很有可能读不懂你的意思。所以我想强调的是，一定要有意识地进行系统性阐述。假设你想汇报一条信息，想问 3 个问题，那么在邮件开头就应该表明自己的目的，例如："我有一个通知想告诉您，同时还有 3 个问题想问您。"这种写法要优于一味堆砌文字的写法，例如："我想告诉您的是……，所以我想问您的是……"

科长：

您好！

我是 ×× 部门的 ××。

我有一个通知想告诉您，同时还有 3 个问题想问您。

通知：

这是您上次提到的 ×× 合同的原件和需要的材料。我在 20 号已经向您汇报过了，所以这里就简称为"×× 项目"。

问题：

1. 请您确认一下用 ×× 项目的结算费用有没有问题。

2. ……

3. ……

这就是我的 3 个问题，期待您的回复。

　　谢谢！

　　此致

敬礼！

　　　　　　　　　　　　　　　　××

会议类报告

"帮我把刚刚开会的内容整理在一页纸上。"

初入职场的我在听到这句话之后真是不知所措,拿着笔记本电脑,不知道是应该像法院的速记员或写剧本的作家一样,具体到把每个字都记录下来,还是应该怎么做。以下是这一情况下的常见对话:

A:(陷入一阵短暂的思考)我做不到。
B:(拍了一下桌子)那你怎么办?

不过,当你知道会议类报告的核心问题是什么以后,就很容易上手了。如果公司文化就是要求报告具体到字词,那就按照公司的要求写;如果没有特殊要求,就按照下面的方法写。

会议类报告的核心问题是:"最后,在会上做出了什么决定?今后应该怎么做?"

会议类报告就是尽可能围绕事实来阐述的报告,所以不需要包含陈述意见。一份优秀的会议类报告,可以让没有到会的人也能明白"原来会议做出了这样的决定""以后这样做就可以了"(见表 3-23)。

表 3-23　围绕事实阐述的会议类报告条目

上司可能提出的问题	条目
为什么开会 都有谁 什么时候 在哪里	会议的目的和概要

续表

上司可能提出的问题	条目
会上说了什么	汇报内容
所以决定怎么做	协商内容和后续措施（日程安排、负责人、成果形式）
你要我怎么做	诉求

首先明确开会目的。其次，因为是各个部门联合在一起开会，与会人员、时间、地点等基本信息也同样重要，所以要分条列项概述会议内容。

接下来就要陈述实际情况，说明各部门汇报了什么内容，又达成了什么共识。注意区分各项内容，以关键词和数据为依据进行说明。决议内容应分为已做出决定的内容和未做出决定的内容。开会的目的就是促进工作落实，所以为了提高工作效率，报告需要说明推进后续措施实施的3个要素，即谁（负责人）、到何时为止（期限）、应该做什么（成果形式）。只有明确以上3个要素，才能从迈出会议室的那一刻起，就真正开始落实工作。此外，如果会上有提出特殊要求，还需要在报告中补充这一部分内容。（例如：请在会议前一天17：00之前把资料发给金林代理，邮箱是 ask@planningschool.co.kr。）

发送会议类报告的时候，考虑到保密性，最好先明确报告的接收者有哪些人。如果尚未明确，为规避风险，应在发送邮件前先有礼貌地和决策者进行确认。（例：这份记录可以分享给××部门的××吗？）

下面我们还是来实战演练一下,请参考一页纸报告 20。关于每一项内容具体怎样填写,请参照一页纸报告 21。

一页纸报告 20

A 项目的第二轮会议记录

2018-2-26,营业部,金圣智代理

1. 会议概要		
目的	汇报 A 项目的进展情况,检验后续措施	
时间	2020-2-20	
地点	策划学校大楼 203 号	
出席人员	营业部金部长、金代理,市场部朴部长、徐副部长,策划部李部长	

2. 汇报内容(附上公开汇报时用的资料)	
营业部	汇报销售现状:16 亿韩元(达到预期目标的 80% 左右)
市场部	汇报消费者的反应:第一轮发布会后,新增 203 名会员(增长 5%)

3. 协商内容和后续措施	条目	成果形式	负责人	日程安排
	负责新客户第二轮提案报告(已决定)	5 分钟内汇报提案报告(提前一天共享材料)	营业部金部长	2020-3-13

第 3 章　调整顺序，8 种结构让你脱颖而出

	调查第一轮消费者反应（已决定）	消费者定性调查，5 分钟内汇报结果（提前一天共享材料）	市场部朴部长	2020-3-13
	第二轮发布会时间（未决定），了解竞争对手的情况后再做决定	分析竞争对手的情况，在 10 分钟之内汇报（提前一天共享材料）	策划部李部长（公开讲解案例的研究情况：策划部金代理）	2020-3-17

4. 诉求

在会议前一天 17：00 之前把资料发给金林代理（邮箱地址）

一页纸报告 21

×× 项目的会议记录

填写日期，填写人所属部门，姓名，职务

1. 会议概要：简单归纳会议主题、时间、地点和出席人员	
目的	
时间	
地点	
出席人员	

133

2. 汇报内容 / 主要决议内容				
会上汇报什么内容，主要决议内容是什么 若有多个部门参会，则以部门为单位汇报；若只有一个部门参会，则以个人为单位汇报 制成表格，分条列项简单归纳汇报、共享、讨论的内容				
××部	汇报××项目：汇报内容重点（以数据、结果为主）			
××部	讨论××项目：讨论内容重点（以数据、结果为主）			
3. 协商 / 决策内容和后续措施	条目	成果形式	负责人	日程安排
分条归纳每一项协商内容的负责人、日程安排和产出，标明每一项内容是否已做出决定。 未做出决定的项目→记录后续处理方案				
4. 诉求				
按需归纳				

结果类报告

结果类报告的核心问题是："结果如何？还可以吗？"如果一个项目得到了好的结果，那么问题不大；但如果得到了不好的结果，报告者就要向上司汇报原因和对策（见表3-24）。

第 3 章　调整顺序，8 种结构让你脱颖而出

表 3-24　根据结果拟出的结果类报告条目

上司可能提出的问题	条目
结果如何	结果
为什么会出现这种结果	原因
所以接下来要怎么做	后续措施
你要我怎么做	诉求

请参考一页纸报告 22 和一页纸报告 23。

一页纸报告 22

关于错失 F 公司载重 15.8 万吨船舶订单的报告

2018-2-26，营业部，金圣智代理
项目执行时间：2017-6-1～2018-2-7

1. 项目结果	错失 F 公司 10 艘载重 15.8 万吨船舶（5+5）的订单（从去年 6 月开始一直在推进），竞争对手 H 公司接到了价值 3 500 万美元的订单
2. 原因	虽然本公司在成本上比竞争对手占据一些优势，但存在以下劣势 （1）交付：难以确保船队安排，导致无法满足客户的交付要求 （2）代理商的喜好：F 公司代理商倾向于 H 公司的产品（推测）
3. 具体分析	（1）交付 无法满足 F 公司的要求 ①为满足 F 公司的要求，不得不重新安排船队 ②虽试图调整与其他公司的日程安排，但均行不通 F 公司表示，若无法满足在规定时间内交付至少 3 艘船的要求，则不能下单

135

一页纸高效沟通法　　한 장 보고서의 정석

	（2）代理商的喜好 F公司的代理商（马先生）倾向于H公司的产品，因为他参与T项目和Y项目时，推荐过H公司的产品
4. 后续措施	需要召开会议并与F公司代理商联络，了解代理商的喜好 （1）在两周以内和F公司代理商（马先生）开会 （2）每周联系一次F公司，掌握对方的订单动态
5. 诉求	为今后可能出现10艘船的订单做准备，商讨如何对船队进行安排

一页纸报告 23

××项目××结果的报告

日期，所属部门，姓名，职务
项目执行时间

1. 项目结果	结果如何 从结论入手，简要归纳是什么项目、结果如何 即便得到了一个失败的结果，也要把最终结果（其他公司是如何竞标成功的）归纳出来
2. 原因	为什么会出现这种结果 若失败，则要归纳出原因，在有多个原因的情况下，分条列项进行阐述 若有推测的原因，则需括注该原因是推测出来的

3. 具体分析	没提前做一些准备吗 说明经历过怎样的协商、过程或争论 若有多个原因，则按照顺序一一归纳具体细节	
4. 后续措施	所以接下来要怎么做 归纳出该怎样完善，具体负责人和期限 若有多个原因，按照顺序一一说明需要完善的内容	
5. 诉求	你要我怎么做 归纳出对上司的诉求，以及需要和其他部门合作的内容	

在汇报不同项目的结果时，报告条目也会发生改变。以培训为例，上司可能会产生这样的疑问，他在培训员工上投入了这么多钱，在培训结束之后，有哪些培训内容可以应用到现有工作中呢？面对上司的疑问，我们可以重新编排条目，进行报告，具体如下（见表3-25）。

表 3-25　根据不同结果重新编排的结果类报告条目

上司可能提出的问题	条目
什么项目	培训概述 日程安排、地点、讲师、对象、预算
结果如何	结果 关于满意度的调查问卷
为什么会出现这种结果	原因 和去年或其他培训项目比，上升或下滑的原因
今后要怎么应用到工作中	应用到现有工作中的点 今后在培训过程中可以参考、改进的点
你要我怎么做	诉求

综上所述，原封不动地按照模版写报告不是重点，能够解答上司的疑虑才是报告的本质。

统一格式，让沟通事半功倍

在这一小节，我们来归纳一下报告的格式（字体、颜色、开头等）。如果每名员工的报告格式都不一样，那么估计他们会在格式上耗费大量的精力。因此，公司不妨规定一个标准格式，让员工把琢磨格式的时间都用在思考内容上，以减轻员工的负担。也就是说，规定一个"大家都熟悉的格式"可以提高工作效率。一页纸报告24是我推荐的格式。

一页纸报告24

	标题：黑体 16 号 加粗 下划线
	副标题：黑体 10 号
	日期，所属部门，姓名，职务：黑体 8 号
1. 黑体 10 号 加粗	（1）【条目 黑体 10 号 加粗】具体内容：黑体 10 号（数据、依据） ①若具体内容中有需要强调的部分，用统一颜色标明 • • ※ 来源出处：黑体 8 号

2.	核心关键词：黑体 12 号　加粗　下划线 其余内容：黑体 10 号

以下是我关于格式的 5 点建议：

1. 编号
    - 建议按照 1、2、3，（1）、（2）、（3），①、②、③的编号区分层次。韩国的公务员在写文件或报告的时候常会使用一些特殊符号，但对于普通人来讲，比起不熟悉的特殊符号，使用数字编号显然更为快捷方便。
2. 用方头括号"【】"区分内容
    - 在开头用"【】"区分好之后，再说明具体内容，比起毫无重点地堆叠一大堆文字，用"【】"区分条目和具体内容会更便于接收者理解。韩国的公务员在写文件或报告的时候，通常用"()"标注条目，但在韩国的大部分企业中，"()"表示的是对前文内容的补充说明，"【】"表示的才是条目。①
3. 关于字号、间距的 5 点建议
    - 报告标题用 16 号。
    - 正文和副标题用 10 号。
    - 需要强调的核心关键词用 12 号。
    - 参考资料的来源出处用 8 号。

---

① 为符合中文书写习惯和出版规范，本书将原书中的"【内容】"改为"内容："的形式，将邮件中的"【】"改为"()"。——编者注

- 表格中文字过多时,应该调宽字间距。

4. 用统一的颜色强调内容
   - Word 文档中红色是基础设定的颜色,所以推荐用红色。

5. 表格
   - 表格使用基础样式,尽可能不加任何装饰、两侧不封口。
   - 表格线条宽度用最基础的 0.25 磅。
   - 需要强调的部分,表格线条宽度用 3 磅,颜色用红色。图表或图形也用红色强调。
   - 需要加阴影的一栏用灰色填充,不要使用图形阴影等效果。

你可能会想,直接用文字表述就行,有必要用表格吗?请比较一页纸报告 25 和一页纸报告 26,看看哪一份更加一目了然。我个人觉得表格的形式略胜一筹。

一页纸报告 25

关于错失 F 公司载重 15.8 万吨船舶订单的报告

2018-2-26,营业部,金圣智代理
项目执行时间:2017-6-1 ~ 2018-2-7

1. 项目结果
错失 F 公司 10 艘载重 15.8 万吨船舶(5+5)的订单(从去年 6 月开始一直在推进),竞争对手 H 公司接到了价值 3 500 万美元的订单。

2. 原因
虽然本公司在成本上比竞争对手占据一些优势,但存在以下劣势:

第 3 章　调整顺序，8 种结构让你脱颖而出

（1）交付：难以确保船队安排，导致无法满足客户的交付要求。
（2）代理商的喜好：F 公司代理商倾向于 H 公司的产品（推测）。

3. 具体分析
（1）交付
无法满足 F 公司的要求。
①为满足 F 公司的要求，不得不重新安排船队。
②虽试图调整与其他公司的日程安排，但 F 公司均表示不行。
F 公司表示，若无法满足在规定时间内交付至少 3 艘船的要求，则不能下单。
（2）代理商的喜好
F 公司的代理商（马先生）倾向于 H 公司的产品，因为他参与 T 项目和 Y 项目时，推荐过 H 公司的产品。

4. 后续措施
需要召开会议并与 F 公司代理商联络，了解代理商的喜好。
（1）在两周以内和 F 公司代理商（马先生）开会。
（2）每周联系一次 F 公司，掌握选择对方的订单动态。

5. 诉求
为今后可能出现 10 艘船的订单做准备，商讨如何对船队进行安排。

一页纸报告 26

关于错失 F 公司载重 15.8 万吨船舶订单的报告

2018-2-26，营业部，金圣智代理
项目执行时间：2017-6-1～2018-2-7

1. 项目结果	错失 F 公司 10 艘载重 15.8 万吨船舶（5+5）的订单（从去年 6 月开始一直在推进），竞争对手 H 公司接到了价值 3 500 万美元的订单

2. 原因	虽然本公司在成本上比竞争对手占据一些优势，但存在以下劣势： （1）交付：难以确保船队安排，导致无法满足客户的交付要求 （2）代理商的喜好：F 公司代理商倾向于 H 公司的产品（推测）
3. 具体分析	（1）交付 无法满足 F 公司的要求 ①为满足 F 公司的要求，不得不重新安排船队 ②虽试图调整与其他公司的日程安排，但 F 公司均表示不行 F 公司表示，若无法满足在规定时间内交付至少 3 艘船的要求，则不能下单 （2）代理商的喜好 F 公司的代理商（马先生）倾向于 H 公司的产品，因为他参与 T 项目和 Y 项目时，推荐过 H 公司的产品
4. 后续措施	需要召开会议并与 F 公司代理商联络，了解代理商的喜好 ①在两周以内和 F 公司代理商（马先生）开会 ②每周联系一次 F 公司，掌握对方的订单动态
5. 诉求	为今后可能出现 10 艘船的订单做准备，商讨如何对船队进行安排

本章介绍了 8 种报告结构，可供大家参考借鉴。考虑到每家公司和机构使用的（上司喜欢的）用语都有所不同，因此，大家在工作中实际写报告的时候，还是要先参考前辈的建议或现有的报告。**能让人理解的语言才是好的工作语言。**

한 장 보고서의 정석

일 잘하는 사람들만 아는 한 장 정리의 기술 3가지

第 4 章

优化表达，10 个技巧
助你更上一层楼

第 4 章　优化表达，10 个技巧助你更上一层楼

条文式结构：最利于理解的格式

写报告不是进行文学创作，它首先强调的就是沟通效率，所以报告一定要简洁明了，这就对报告者的表达能力提出了要求。值得庆幸的是，不同于讲究天赋的文学创作，只要我们多加练习，很容易就能掌握报告的精髓。我总结了 10 个技巧，其中 9 个是写报告时遣词造句的小技巧，最后一个是我个人的两点建议。

篇幅过长的报告不利于接收者理解。所以，为了提高沟通效率，我们应该采用条文式结构。

什么是条文式结构呢？我们可以这样理解：

> 写文章的时候，在每段文字前面标上序号，然后适当断句，列举出重点内容和字词。

下面我们就用条文式结构来总结这句话：

写文章的时候:
1. 在每段文字前面标上序号。
2. 适当断句。
3. 以重点内容为主。
4. 列举字词。

这就是条文式结构。为加深理解,我们试着用条文式结构来归纳韩国儿歌《圆圆的太阳升起来了》。这首歌原本的歌词是:

圆圆的太阳升起来了。
起床之后,
先刷刷牙吧。
刷刷上排牙,再刷刷下排牙。
把脸洗得干干净净。
这里要擦干净,那里也要擦干净。
梳好头发,穿上衣服。
照照镜子吧。
吃饭要细嚼慢咽。
背上书包,说声再见。
去幼儿园吧。
昂首挺胸地出发吧。

用条文式结构可以这样展现这首歌的主要内容:

去幼儿园之前应该做的 8 件事:
1. 刷牙。

2. 洗脸。

3. 梳头发。

4. 穿衣服。

5. 照镜子。

6. 吃早饭。

7. 背书包。

8. 说再见。

经过整理，歌词是不是瞬间变得一目了然啦？后面我们会探讨如何进一步完善这段文字，但在此之前，请先审视一下自己的报告，思考一个问题：我的报告里是充满冗长难懂的语句，还是使用了简洁易懂的条文式结构呢？

分门别类法：让报告一目了然

使用条文式结构的报告还有一些不足之处，为弥补这个缺憾，我们需要对报告内容进行分门别类。分门别类法指的就是把具有同一种特征或性质的事物归纳在一起。

那么，怎样才能把"去幼儿园之前应该做的8件事"分门别类呢？

首先，我们可以根据空间来划分。8件事里有应该在卫生间做的事情、在衣柜前做的事情，以及在客厅做的事情。因此，我们可以按照空间划分去幼儿园之前应该做的8件事：

1. 在卫生间：刷牙、洗脸。

2. 在衣柜前：梳头发、穿衣服、照镜子。

3. 在客厅：吃早饭、背书包、说再见。

其次，我们可以按照时间来划分（见表4-1）。

表4-1　按照时间划分去幼儿园之前应该做的8件事

时间	应该做的事情
8:00～8:10	刷牙、洗脸
8:10～8:20	梳头发、穿衣服、照镜子
8:20～8:40	吃早饭、背书包、说再见

最后，我们可以根据重要程度（优先级）进行划分。例如，孩子不可能什么都不穿就出门，所以"穿衣服"这一项一定要排在第一梯队；考虑到良好的行为习惯要从小养成，所以"说再见"这一项也应排在第一梯队。而"刷牙"和"洗脸"这两项到幼儿园也可以做，所以这两项可以排在第二梯队……根据优先级划分后，父母和孩子就可以按照商量好的顺序依次完成这些事情（见表4-2）。

表4-2　按照重要程度划分去幼儿园之前应该做的8件事

重要程度	应该做的事情
优先做	穿衣服、吃早饭、背书包、说再见
可做可不做 （如果没时间在家做，就去幼儿园做）	刷牙、洗脸、照镜子
可省略	梳头发

显然，分门别类后的报告条理更清晰了。报告中常见的分类有以

第 4 章　优化表达，10 个技巧助你更上一层楼

下几种：

1. 按照空间划分：A、B、C。
2. 按照时间划分：
   - 时间单位。
   - 过去、现在、将来。
   - 应用前、应用后。
3. 按照肯定态度和否定态度划分：优缺点。
4. 按照重要程度划分：
   - 优先做。
   - 可做可不做。
   - 可省略。

如果在做报告时同时采用条文式结构和分门别类法会产生什么样的效果呢？请参考图 4-1。请再度审视自己的报告，思考几个问题：我的报告只是在单纯地罗列内容吗？进行分门别类（把同一类内容归纳在一起）了吗？

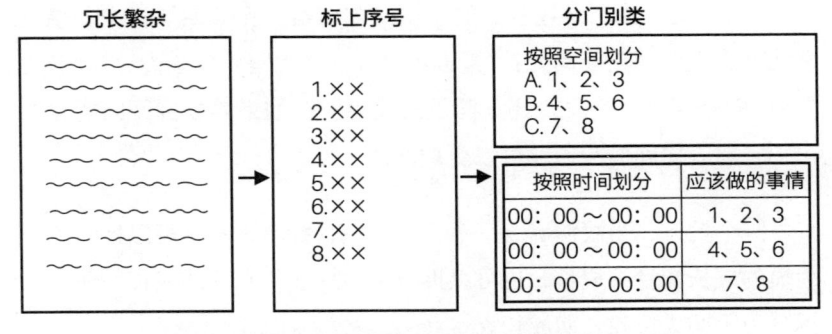

冗长繁杂	标上序号	分门别类
（冗长文字）	1.×× 2.×× 3.×× 4.×× 5.×× 6.×× 7.×× 8.××	按照空间划分 A. 1、2、3 B. 4、5、6 C. 7、8

按照时间划分	应该做的事情
00:00～00:00	1、2、3
00:00～00:00	4、5、6
00:00～00:00	7、8

图 4-1　用条文式结构和分门别类法整理冗长繁杂的报告

拆分法：化笼统为清晰，让要点不重不漏

如果说分门别类法是把分散的信息归纳在一起，那么拆分法就是把一大段笼统的文字拆分开来进行说明。仍旧以儿歌《圆圆的太阳升起来了》为例，"先刷刷牙吧。刷刷上排牙，再刷刷下排牙"这句歌词可以这样拆分：

1. 刷牙
   - 上排牙
   - 下排牙

这是把"刷牙"的活动根据不同位置进行了拆分。

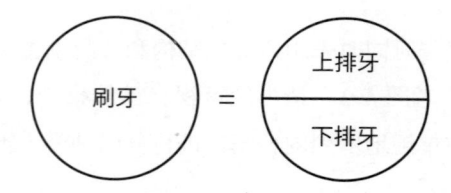

$$刷牙 = \frac{上排牙}{下排牙}$$

《家师父一体》是我喜欢的一档综艺节目，在某期节目中，搞笑艺人梁世炯问演员李尚允："最近做过什么反思吗？"李尚允反问道："你说的是深刻的反思，还是简单的反思？"如果养成拆开问题看的习惯，双方之间的沟通就可以更加准确。

打个比方，当我们确立一个"成长"目标时，不仅可以把它拆分为质的成长和量的成长，也可以拆分为内部成长和外部成长，还可以拆分为短期成长和长期成长。

第 4 章　优化表达，10 个技巧助你更上一层楼

根据不同的拆分策略，对应的行动计划也有所不同。例如，第一名员工的行动计划只笼统地用一个词"对策"概括，而第二名员工则将行动计划拆分成了短期性对策和根本性对策。显而易见，第二名员工的行动计划精准度更高。

熟练掌握拆分法，有助于更加精准地找到问题的原因。下面我们通过一个例子分析。

如果只看见"问题：销售额下滑"这一行孤零零的文字，没人知道该从何下手。这时，我们根据"销售额 = 访问量 × 转化率 × 客单价"，从不同角度进行验证，便会发现，原来转化率和客单价的数据没有变化，访问量却比上个月少了一些。那么核心问题（原因）就在于访问量减少，我们就可以把重点放在提高访问量上。接下来，我们又把访问的顾客拆分成新顾客和老顾客，那么提高访问量的方案就可分为"提高新顾客访问量"和"提高老顾客访问量"。我们也可以把影响销售额的因素分为商品、售货员和商场，尽可能把内容拆分成多个条目，从中寻找原因，制定对策。

除了按照条目拆分，更常见的还有按照过程拆分。"让我们在工作中推行一页纸报告吧！""推行"这个词里究竟藏着几重含义呢？如果简单地把它拆分成 4 点，那么我们需要做的是：

1. 计划：思考一份标准的一页纸报告应该是什么样子的。
2. 实践：试着写一份一页纸报告。
3. 评价：针对一页纸报告应用到工作中后遇到的困难、问题等，收集他人意见。

4.完善：改进一页纸报告。此外，还需要列出对应的日程安排、负责人、预算等信息。

熟练掌握拆分法，可以大大提升我们的工作效率。当我们的报告被上司退回来的时候，我们应该认真反思一下是整篇报告都不被上司认可，还是 A 和 B 不错，只有 C 出现了问题。如果是后者，我们就没必要修改整篇报告，避免白白浪费精力。这时，我们可以征询上司的意见："如果 A 和 B 还可以，那之后重新以 C 为中心再向您汇报一次可以吗？"这样一来，双方达成了有效沟通，也提高了工作效率。

拆分法不仅适用于上述情况，还适用于对现有框架的灵活利用。这样也可以避免内容的重复和遗漏。最典型的框架就是 5W+H 分析法。

比如，有人问你："昨天干什么了？"你可以啰啰唆唆地和对方说一大堆话，也可以按照 5W+H 分析法进行回答。

再比如，有人问你："kkondae（老顽固）是什么意思啊？"，你可以喋喋不休地解释半天，也可以在社交媒体上寻找答案之后按照 5W+H 分析法回答：

> 嗯，这种说话风格的人就是"kkondae"。
> 何人（Who）：你知道我是谁吗？
> 何事（What）：你知道什么？
> 何地（Where）：你竟敢这样。
> 何时（When）：想当年我可是怎么样。

第 4 章　优化表达，10 个技巧助你更上一层楼

何因（Why）：我为什么要那样？

何法（How）：怎么会这样对我？

下面，我们对 5W+H 分析法进行拆分，按照结论（何事）、依据（何因）、落实（何法）的框架来总结《圆圆的太阳升起来了》：

1. 结论
   - 去幼儿园之前按照时间表的规定做 8 件事。
2. 依据
   - 避免迟到：按照规定做的话可以节省时间。
   - 避免遗漏：没有把必须要做的事情遗漏掉的风险。
3. 落实（见表 4-3）

表 4-3　去幼儿园之前按照时间表的规定应该做的 8 件事

时间	应该做的事情
8：00～8：10	刷牙、洗脸
8：10～8：20	梳头发、穿衣服、照镜子
8：20～8：40	吃早饭、背书包、说再见

巧用框架可以让报告看起来更加清晰、更有逻辑，让接收者对报告者产生信任感。

审视自己的报告，思考以下几个问题：我的报告很笼统吗？是否对内容进行了恰当拆分？是否在堆砌文字？是否按照框架进行了表述？

标题：运用 SMART 目标管理原则，明确目标和利益

公司里的大部分工作都涉及投入（人力、物力、财力），因此，我们应该在报告中说明这些投入的用途（目的、目标）。一个优秀的报告标题就可以做到这一点。

"去幼儿园之前应该做的 8 件事"这个标题看上去似乎少了些什么。有的上司可能会让你说明为什么应该做 8 件事。也就是说，需要表明目的或目标。本书前几章已经介绍了多种归纳目标的方法，其实还有一个方法，叫"SMART 目标管理原则"，即从以下 5 个层面来分析目标：

- 具体（Specific）
- 可衡量（Measurable）
- 可达成（Achievement）
- 有结果（Result）
- 表明时间（Time）

假设儿歌《圆圆的太阳升起来了》针对的是那些早上起来不知道干什么、一直懒洋洋地不干正事导致经常迟到的孩子，目标就是通过告诉孩子们应该做什么事，减少他们的迟到次数。体现目标的标题可以这样写："8 项任务清单，让孩子迟到次数减半"。

假设一位妈妈为了让刚上幼儿园的女儿养成良好的习惯，所以编了这首儿歌。一般情况下，养成一个习惯需要 21 天，我们就可以在标题里标明时间："8 项任务清单，让孩子在 21 天内养成好习惯"。

当你看到一些目标不清晰的标题时，不妨尝试用 SMART 目标管

理原则进行分析。下文中的案例在标题中加入了能够体现可衡量、可达成的目标的数据,以细化内容:

> 建议实施"健康经营"战略。
> ↓
> 为节约医疗费用,建议实施"健康经营"战略(计算节约的医疗费用)。
> ↓
> 为节约公司10%的医疗费用,建议实施"健康经营"战略。

在标题里明确目标,可以引起接收者的兴趣。因为,目标中就包括了对方看这份报告的理由以及可以获得的利益(成果):

> 建议培训员工的策划能力。
> ↓
> 建议提高每名员工写提案报告的能力。
> ↓
> 建议培训员工在两天内独立写一份提案报告。

当然,标题并非越长越好。如果标题特别长,接收者就有可能无法领会其中要义,毕竟他们每天都要浏览无数份报告。这时,你可以先用大标题区分各项条目,再在副标题里用数据表明提案的目标和预期的利益:

> 建议实施"健康经营"战略——节约公司10%的医疗费用

建议在第二个季度开展培训——提高每名员工独立写提案报告的能力

审视自己的报告，思考以下两个问题：我的报告是不是少了点内容？报告中提到合理的目标和预期的利益了吗？

精炼语句：省略冗余内容

报告大多采用条文式结构，语句简练，语意明确，所以写报告时应尽可能地删减一些冗余的内容。请看下面这个例子：

去幼儿园前应做的8件事。

vs.

在去幼儿园之前应该做到的8件事情。

审视自己的报告，思考以下问题：我的报告语言足够精炼吗？是否还有可以删减的内容呢？

客观依据：事实胜于雄辩

写报告不是写小说，报告者应该站在一个客观的角度进行陈述，不依赖于主观意识，从第三方的视角看待和思考事物，需要明确以下3个方面：

1. 明确具体数据。
   - 销售额非常可观→销售额比去年上涨了30%。

- 体温低会影响健康→体温每下降 1°C，免疫力就降低 30%。
2. 明确比较标准。
    - 按照条目进行比较。
        ▸ 这个数值相当高→与 5 个发达国家相比，这个数值排在第二位，处于相当高的水平。
    - 按照时间进行比较：与去年相比、与同期相比等。
        ▸ 这个结果特别棒→比去年同期增长了 23%，结果特别棒。
3. 明确判断标准。
    - 基于大量数据：统计、问卷等。
        ▸ 被大家认可→面向 100 个人实施满意度调查，有 72% 的人表示非常认可。
    - 如果没有定量数据，可以使用定性数据。
    - 基于比较具有权威性的来源、数据。
        ▸ 预计 2018 年的销售额将会提升→××发布的《半导体产业发展前景报告》中指出，销售额将会提升 30%。
        ▸ 我的想法是这样的→权威人士××称/××书上说。
    - 分析学习案例和累积下来的经验。
        ▸ 这个有效果→通过对 A、B、C 3 个例子进行分析，证明这个有效果。
    - 使用证言。
        ▸ 功效好→根据 30 名消费者的证言/试用/采访，这个功效好。
    - 引述制度、规定。
        ▸ 应该这样做→根据××规定，应该这样做。

不过，也不能认为客观陈述的内容全部是事实，毕竟人类的视角存在一定的局限性，我们很难了解事情的全貌。但无论如何，客观陈述还是比主观阐述更有价值。归根结底，报告是给他人看的，所以就必须要给出强有力的依据。对于报告的接收者而言，面对一百句主观看法和一个客观依据时，他们更想听到或看到的一定是后者。

审视自己的报告，思考以下问题：我的报告里全都是主观看法吗？客观材料是否为观点提供了强有力的支撑？

数字和图表：让数据为你代言

公司的运转离不开报告，同样也离不开数字，所以报告中必不可少的要素就是数字。

用数字说明

用具体数字替代修饰性内容，会使报告的表达更加明确：

太多事→8件事。

稍微有些低的销售额→2.5亿韩元的销售额。

"这样也挺好，那样也挺好，还有那样也挺不错的。"这种表达方式会显得比较啰唆。不妨试着换一种表达方式，从3个角度分别做出说明："从3个角度来看是不错的。第一……第二……第三……"这样，接收者既不会觉得无聊，也能快速掌握报告内容。

第 4 章　优化表达，10 个技巧助你更上一层楼

用数字比较

大多数情况下，单纯地罗列数字只会让报告的接收者觉得云里雾里："这份报告想表达什么意思？这个数字是多还是少？报告者是想增加还是想减少某个数字？"这时，就需要进行比较了。报告中常常会以时间和主体为维度进行比较：

　　10 亿元的销售额→销售额比去年减少了 10%。
　　10 亿元的销售额→销售额比竞争对手低了 10%。

10 亿元的销售额是什么概念呢？啊，原来比去年减少了，而且和竞争对手相比，处于一个比较低的水平。

用金钱衡量问题

如果报告中只是陈述问题，说"收到了怎样的投诉"，并不会打动接收者。

而如果用金钱衡量投诉带来的负面影响，给出明明白白的数字，那么就能让接收者深刻意识到问题的严重性。1 个投诉在 A 网站上出现了 103 次，会对潜在的 103 名客户产生影响。一个投诉在 1 年内造成的损失可以这样表示：103 名 × 3 万韩元 × 12 个月 =3 708 万韩元。因此，在下列两种表述中，后者更容易打动接收者：

　　　　　　　　有 1 个投诉。
　　　　　　　　　　vs.
　　1 个在 1 年之内造成约 3 700 万韩元损失的投诉。

159

归根结底，应该以财务视角（费用—利益）写报告。站在公司的角度，问题的关键就在于是否能赚到更多的钱，或者说如果少花一些钱，还能否把效益维持在这样一个水平。所以在写报告的时候，考虑一下你的提案是否可以引起以下某种效果：

1. 盈利（提高销售额）。
2. 节省费用（降低成本）。
3. 尽可能压缩机会成本（尽可能降低预期损失）。

审视自己的报告，思考以下问题：我的报告中有很多修饰性内容吗？是否按照"数字＋比较＋金钱（财务视角）"的形式明确内容？

用合适的格式呈现

既然报告离不开数字，那么报告中的数字应该采用何种格式呢？下面我们将介绍一些常见的数字格式。不过，有的公司会有一套自己制定的标准，在这种情况下，就应优先遵循公司的标准。

在标注日期时，省略"年、月"这两个字→用"-"替代：

例：2020 年 2 月 2 日→2020-2-2 或 2020-2-2（周日）。

在表述时间段时，用"～"表示：

例：2020-2-2 ～ 2020-2-4。

在表示时间时，用"："代替"时、分"：

第 4 章　优化表达，10 个技巧助你更上一层楼

例：12 时 12 分 → 12:12。

在表示金额时，以三位数为一个单位，添加千分空：

例：113560 元 → 113 560 元。

在公务文书或合同里，阿拉伯数字后面应括注大写数字，以防止数字被篡改：

例：金额为 113 560 元（拾壹万叁仟伍佰陆拾元）。

既然已经讲到了数字，下面就来看一下在报告中经常使用的 3 类图，这 3 类图可以更直观地展现数据。

当我们需要展示某些数据，并对它们进行比较的时候，可以使用这 3 类图（见表 4-4）。这 3 类图可以分开展示，也可以合在一起展示。

表 4-4　直观地展示数据的 3 类图

项目	比较条目 （比较同一视角下的不同条目）	比较时间 （比较同一条目在不同时间的变化）	比较占比 （比较同一条目与其他条目的占比）
例子	与同类企业 A 和 B 相比，本公司的净利润排名靠后，位列第三	在过去的 3 年里，本公司的净利润增加了 12%，呈上涨趋势	产品 C 在公司的总销售额中占比最低，为 12%
图表类型	柱状图	折线图	饼状图

举个例子，随着时间发展，公司的产品销售额也一直在增长，但根据条目和竞争对手进行比较后就会发现，公司的销售额仍处于一个相当低的水平，那么这种"增长"可能就是一种并不尽如人意且没有意义的"增长"。为了更加直观地分析问题，我们可以将柱状图和折线图结合起来（见图 4-2）。

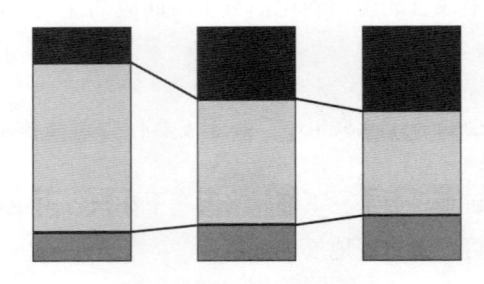

图 4-2　柱状图与折线图结合

那么，如何才能绘制出易于理解的图呢？这个问题与设计无关，而与信息有关。与数字本身相比，用数字传递出的信息更为重要。下面是一组准确的原始数据（见表 4-5）。

表 4-5　2011—2016 各年度"乌龟颈"患者的数量

性别	2011年	2012年	2013年	2014年	2015年	2016年	年均增长率(%)
	患者数（千名）						
男	994	1 036	1 061	1 095	1 121	1 163	3.4
女	1 403	1 437	1 441	1 476	1 487	1 533	1.9
合计	2 397	2 473	2 502	2 571	2 608	2 696	2.5

有的上司喜欢一一确认每个数据，如果我们面对的是这样的上

第 4 章　优化表达，10 个技巧助你更上一层楼

司，把上表直接拿给他就可以。但也有的上司可能会认为这种表格没有实质内容，希望看到整体趋势，那么我们可以继续加工。

打开 Word 或 Excel，在菜单栏点击"插入"，再点击"图表"，最后选择"簇状柱形图"，就可以将原始数据转换为下列柱形图（见图 4-3）。

患者数（千名）

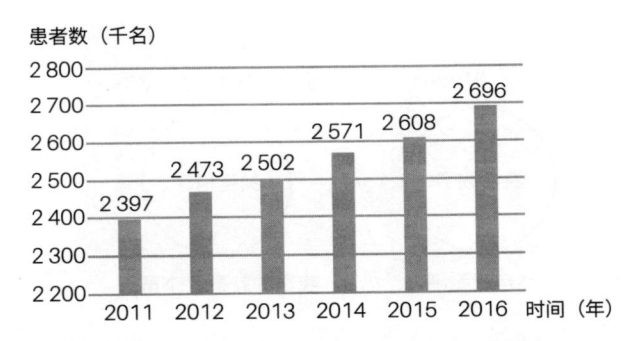

年份	患者数
2011	2 397
2012	2 473
2013	2 502
2014	2 571
2015	2 608
2016	2 696

图 4-3 显示 2011—2016 各年度"乌龟颈"患者数量的柱状图

当然，我们也可以将原始数据转换为折线图（见图 4-4）。

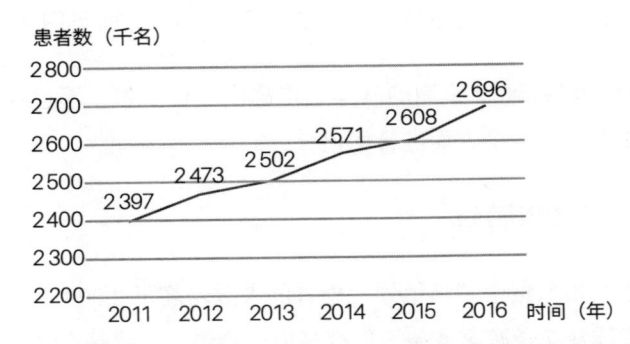

图 4-4 显示 2011—2016 各年度"乌龟颈"患者数量的折线图

163

然而，如果报告只有图表，那么接收者可能并不知道报告想表达什么。在他们眼中，这些不过是一些数字、一张图表，就像是在单纯地列举"A、B、C……"一样，仿佛在告诉对方："这就是 5 年间'乌龟颈'患者的人数变化趋势，你看着办吧。"

需要牢记的一点是，我们不应该止步于数字，而应该思考"要通过这个数字传达什么信息"。

什么（What）　　那是什么意思（So What）

表格数字　　VS.　　关键信息

你自己看吧　　我说的就是这个意思

所以，如果我们想告诉对方"'乌龟颈'患者在 5 年间增加了 30 万人左右，这个情况特别危险"，那就应该在报告中加上关键信息（核心信息）。为了更直观一些，可以用颜色强调关键信息，也可以把图表纵坐标表示人数的单位从"千名"换成"万名"（见图 4-5）。

用 Word 或 Excel 绘制的基本表格确实一目了然，不过我们还可以锦上添花，从 3 个方面进行优化。

第一，减少刻度线。

由于原始数据中"乌龟颈"患者的人数均高于 2 000 人，我们可以将刻度线从 7 条减至 4 条，以突显增长趋势。方法是右键单击坐标

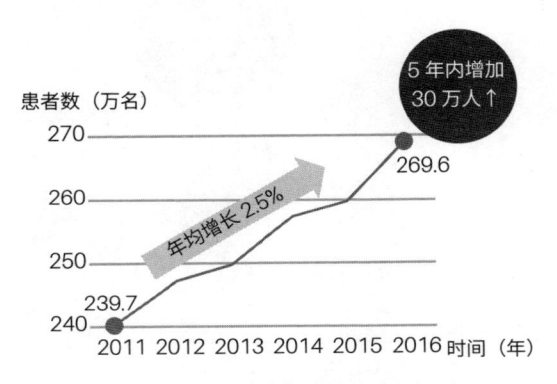

第 4 章 优化表达，10 个技巧助你更上一层楼

轴，选择"设置坐标轴格式"，更改"最大值""最小值""单位"。

患者数（万名）

5 年内增加
30 万人↑

年均增长 2.5%

270
260
250
240
239.7
269.6

2011 2012 2013 2014 2015 2016 时间（年）

图 4-5 标注关键信息的折线图

第二，灵活标记数字。

虽然有时候也需要把坐标轴上的所有数字标记出来，但在这个例子中，重点在于展现 5 年间的增长趋势，所以只标记 5 年前和 5 年后的数字即可。方法是双击需要标记数字的部分→右键单击后，选择"添加数据标签"。

第三，添加箭头。

利用箭头强调增长趋势。具体的呈现形式取决于接收者究竟对什么内容感兴趣。如果比起每年的增长趋势，接收者更想了解的是这 5 年间的整体增长趋势，也就是说只想了解大概情况，这时我们就可以按照"从多少到多少，成为什么样"的方式呈现数据，让接收者一眼就能看到想要的信息（见图 4-6）。

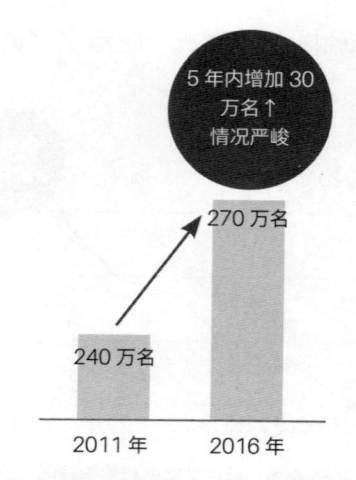

图 4-6 按照"从多少到多少,成为什么样"的方式呈现数据

前文讲过,如果上司特别强调数字的准确性,这种报告方式就不合适了。下面,让我们归纳一下:

1. 分析上司强调的重点。
2. 首先分析我们要通过图表展现什么内容,然后删掉多余内容,清晰地绘制出信息。
3. 上司可能会提出其他问题,为应对这种情况,可在报告中附加原始数据。

如果图中的颜色过多,关键信息就会被淹没,所以在绘制图表时应注意用黑白灰和明暗度区分关键信息(见图 4-7)。此外,一定要在图的下方标明来源和出处。

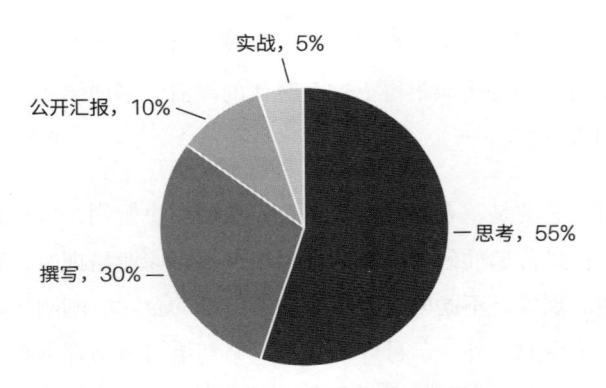

第 4 章　优化表达，10 个技巧助你更上一层楼

实战，5%
公开汇报，10%
思考，55%
撰写，30%

图 4-7　使用黑白灰和明暗度区分关键信息

审视自己的报告，思考以下问题：报告中展示的数字是否有意义？是否提到了关键信息？

书面语体：正式，但别死板

"报告中是用口语语体好，还是用书面语体好呢？"教科书级别的回答是"用书面语体好"。以下是书面语与口语的比较：

请在回函中告知是否可以出席。

vs.

请您在回信中告诉我们可不可以出席。

对于报告来说，书面语更加简洁明了。但我们需要正视一个事实，时代在发展，写文章的方式正在发生变化，公司的员工也在发生变化。比起生僻词，年轻的新员工更熟悉的是英语；比起冗长的文章、厚重的书籍，他们更熟悉的是一段段以秒为单位的短视频。如果你也同意上述观点，请思考以下几个问题：时不时掺杂一些生僻词的书面语报告，是否还能跟得上这个时代的潮流？书面语是否会降低信息传递的效率？

值得注意的是，有很多报告中会大量使用生僻词，这在某种程度上会降低信息传递的效率。在为各种企业进行职业培训时，我发现了一个有趣的现象，不同的企业（有多年传统的企业、刚刚崭露头角的企业；本土企业、外企）喜好的文书风格和语言风格都不相同。这让我不由产生怀疑，大家都生活在同一个时代吗？同样的表述方式在这家公司可以获得赞赏，而放在其他公司却成了反面教材。什么才是正确答案呢？我建议写报告要迎合公司的喜好，尽量不要使用生僻词：

1. 结论：推荐使用书面语。
2. 依据：比口语更加精炼，适合一页纸报告。
3. 有必要思考的两点：
   - 员工年龄层：比起生僻词和书籍，年轻的新员工更熟悉英语和短视频，反感那些掺杂着生僻词的报告。
   - 公司文化：大企业（倾向于使用书面语），新兴企业、外企（倾向于以英语为主）。
4. 诉求：
   - 迎合公司喜好，尽量避免使用生僻词。
   - 用简单易懂的口语代替一些难以理解的词语。

新手要使用书面语写出一份报告并不容易，即便自己已经知道要写什么内容，也可能会无法落笔。就像你可以用中文流畅地表达观点、陈述内容，可如果让你用英文表述，你的大脑就会变得一片空白。这时，先用中文写一遍，再将其翻译成英文也不失为一种好方法。所以有的时候，我会把想汇报的内容先用和朋友聊天的口吻写一遍，然后再将其转换成报告用语。

审视自己的报告，思考以下问题：让报告看起来有难度重要，还是让接收者理解报告内容重要呢？

缩略词：注意使用对象和场合

有一个关于特斯拉首席执行官埃隆·马斯克的故事流传得很广：他曾经告诫员工，如果不使用简单直接的词汇，就会将他们开除。2010年，他却又给全体员工发了一封标题为"缩略词真是太烂了"的邮件。

但在大多数情况下，正是因为有了缩略词，报告才能变得短小精悍。那应该怎么做呢？

我们应该针对不同的对象和情况来调整报告。如果是技术部门内部的报告，就没必要把专业术语一一解释得详细清楚，在这种情况下，缩略词可以提高沟通效率。但如果是做跨部门的报告，自然就应该把缩略词解释得通俗易懂，否则，就可能会变成鸡同鸭讲。

我在某个网络论坛上看过一个帖子，名为"和快递员的对话"，帖子的内容是快递员和收件人之间互相发送的信息，令人捧腹大笑。我在这里和大家分享一下：

快递员：我把快递给您放在屋顶上的空调外机后面了。
收件人：好的，谢谢您了。

快递员：我把快递放在屋顶上空调外机后了。
收件人：好的，辛苦您了。

快递员：快递放在屋顶空调外机了。
收件人：好的，感谢您。

快递员：快递在屋顶空调外机。
收件人：好的，感谢。

快递员：屋顶空调外机。
收件人：感谢。

快递员：空调外机。
收件人：好。

快递员：外机。
收件人：嗯。

假设这名快递员一开始就说："外机。"收件人很有可能无法理解。不过随着双方之间的聊天内容积累得越来越多，形成了"专业术语"，这时再使用缩略词不仅完全没有障碍，还提升了沟通效率。同理，我们写报告时也应该在合适的情况下酌情使用缩略词。

第 4 章　优化表达，10 个技巧助你更上一层楼

两点建议：及时对标、及时确认

在这一小节，我想提两点建议。

第一点建议是通过中期报告及时对标工作方向。

为了避免白费功夫，我们应该通过中期报告来确认大方向。设想一下，你费了好大劲才终于登上山顶，到头来却发现来错了地方，你会不会很沮丧？

职场中也经常会发生类似的情况，当你费尽心血完成一项工作，然后把它交给上司："这是您之前要求做的内容。"而上司却问你："这是什么？这和我让你做的东西完全不一样……"如果你投入了大量时间和精力，最后却得不到任何成果，这也太令人遗憾了。

所以，在接到任务后应该立即确认以下两点信息，再开展工作。

第一，确认上司的指示：

　　您是让我按照这个顺序归纳这个内容吧？
　　您的意思是不是想按照这种形式总结这个内容？

也就是说，最好要确认一下自己的想法与上司的想法是否一致。在很多时候，为了落实工作，上司会不由自主地发表一些见解，但其实他还没有完全想好。这时，我们就要在工作推进到某个阶段之后再次进行确认。

第二，商讨整体的临时方案和方向。

在梳理好提纲后，我们可以征询上司的意见："这样总结可不可以？"或者在做了一段时间的工作之后，进行一次中期报告："我正按照这种方式工作，这样来完善没错吧？"和对方商讨哪些内容可以补充或删除，确认自己是否正按照正确的大方向落实工作内容，等等。

这么做可以最大限度地避免你在提交最终报告时才发现问题，不得不重写一遍。此外，中期报告可以帮助你了解到更具体的反馈意见和讨论细节，对于接下来的工作也十分具有建设性意义（见图 4-8）。

不使用中期报告

（费尽心血地完成报告）这是您之前要求做的内容。

这是什么？（没有成果）

报告者变得沮丧，失去干劲。
接收者没有时间收拾局面，左右为难。

使用中期报告

（展示提纲、产出）我打算这样做。

嗯，不错，再把 A 的内容加进去……（上司负责）

可以协商细节，检查是否正按照正确的大方向落实工作。

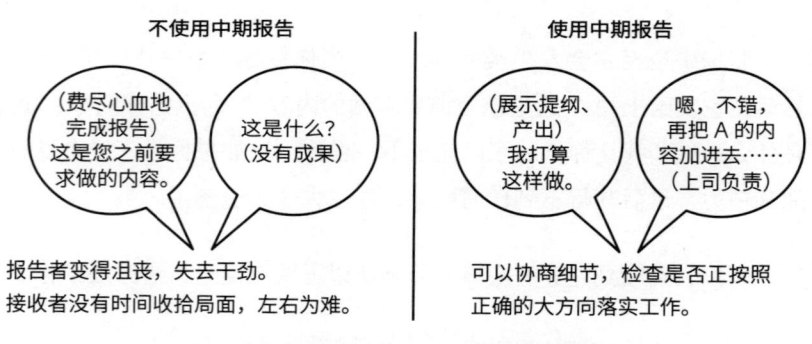

图 4-8　不使用中期报告的劣势与使用中期报告的好处

不过，并不是所有上司都会给出反馈意见，有的上司会说："别问我，你自己看着办吧。"

当然，做中期报告也不能像个 3 岁孩子一样，对所有事物都充满好奇心。一会儿问"是这样的吗"，一会儿再问"是那样的吗"，过一会儿又问"为什么是那样的呢"。

把提纲简单整理好之后给上司看和把主要内容的架构给上司看，这些行为都代表了和上司进行简单商讨。我建议，即便上司露出些许

第 4 章　优化表达，10 个技巧助你更上一层楼

不耐烦的神色，你也要继续下去。事实上，这种做法对报告者是有利的。因为从确认汇报内容的那一刻起，责任就落在了接收者，也就是你的上司身上。

不仅是报告提纲，预期产出也应该放在中期商讨中。

举个例子，即便上司已经说："这个项目就交给你负责吧。"过一段时间之后，可能会出现如下对话：

> 怎么就这样做了？为什么没把报告带来？
> 啊？报告吗？那个项目都结束了。
> 即使落实了那个项目，也得给我看看提案报告吧！
> 啊……因为您也没说什么，我就没写提案报告，直接办结了。

当跳槽现象变得越来越普遍时，职场中的认知差异现象会逐渐增多，报告者就更需要借中期报告的机会，了解接收者想要一个什么样的"成果形式"，同时也应该把"产出清单"提前分享给接收者（见图4-9）。

不使用中期报告

> 这次的项目就交给金代理负责吧。

> 你怎么没把××带来呢？怎么这么晚？

双方心中的交付日期和成果形式可能存在差异。

使用中期报告

> ××项目的最终产出清单
> 1. 调查结果
> 2. 一页纸大纲
> 预计在2020年2月25日进行汇报。

我打算这样做，您看可以吗？

图 4-9　是否使用中期报告会展现出不同的成果形式

提交中期报告时可以这样表达：

对于这个项目，我打算从 1 月 25 日起在消费者中开展调查，一个月后把两份文件整理好给您，一份是调查结果，另一份是一页纸大纲，您看可以吗？

在为公司做职业培训期间，我和很多公司的中高层领导打过交道，他们之中的大部分人经常会抱怨："员工都不做中期报告，等到后来再给我看的时候，（整个项目 / 报告）完全就变成另一项内容了。真是不让人省心啊。"为什么员工不做中期报告呢？

不做中期报告可能是想给上司一个惊喜吧，我以前就是这样。我刚进公司的时候简直不知道天高地厚（写到这里的时候，我也觉得愧对当时的组长，感谢他的包容）。在写提案报告的时候，如果组长来到我的身后，我就会用手挡着电脑屏幕对他说："您别看！等我完成了以后您再看！"那时的我没有一个上班族该有的沟通意识，而是像一个神秘的作家。现在，为了尽快完成工作，也为了取得成果，我一定会利用中期协商阶段和对方交换看法，不会再有"当当当当！惊不惊喜""我做得很棒吧""我是不是很赞"的想法。

如果放下这种想让对方眼前一亮的执念，你的人生就会变得轻松。每个人的思考方式都存在着巨大的差异，如果一味地埋头苦干，那么别说惊喜，最后恐怕只剩苦笑几声的份了。这就是现实。

在协调工作进展方向的时候，让上司产生画面感也是一种好方法。

第 4 章　优化表达，10 个技巧助你更上一层楼

尽量少用代词，如"这个""那个""这样""那样"，要准确地进行阐述，比如使用"按照……的格式""像……一样"等句式：

我想按照上个月李代理公开汇报的 A 项目提案报告那样总结，您看可以吗？

像上个月和常务一起公开汇报 B 项目时一样，按照"咨询提案报告"的格式来总结，您看可以吗？不行的话，像 C 项目一样，按照"一页纸报告"的格式整理给您看？

中期报告的缺失不仅会带来几声苦笑，更严重的是还可能会对工作造成影响。原本上司想在某个时间听你汇报，然后再计划下面的工作，可由于没有中期报告，一些工作被耽误了，上司也失去了调整方案的机会。不仅是上司的日程计划，就连整个小组的日程计划都被打乱了。如果在项目进行到一半时，你发现在规定的时间内无法完成工作，那么就应该通过中期报告向上司汇报："工作大概完成了百分之多少，按照目前的进度可能无法在规定时间内完成。"征求上司的意见，确认这种情况应该怎样处理，让工作进行下去才是重要的。

作为一名领导，为避免工作失控，也可以在项目中期通过直接提问的方式来确认工作进展和产出形态：

所以应该做什么？应该怎样做？

应该是把它总结成这样吧。

下面简单归纳一下前文的内容：

结论（What）：做中期报告。

依据（Why）：

1. 不做会浪费报告者的精力。（报告者虽然已经尽了最大努力，但结果却不是上司想要的，这属于时间和精力的浪费，也是精神上的摧残。）

2. 不做会耽误团队的工作。（产出和预期完全不符，团队没有收拾局面的时间，这样会耽误工作进度，打乱整个团队的日程安排。）

诉求（How）：需通过中期报告来协调团队的想法。

1. 协商报告提纲和成果形态。（日程安排、产出形态。）

2. 禁止使用指代不清的词汇。（"按照那样的"→"按照××项目的格式"。）

3. 汇报中期成果。（检查整体方向，确认需要进行完善的内容。）

4. 如有逾期的可能性，通过中期报告和接收者商讨备选方案。

第二点建议是及时确认信息传达的准确性。

我建议大家养成用邮件留证据的习惯。在职场中，如果有人先前口头说的内容对自己不利，有时他会改变说辞。说到这里，我不禁想起自己以前的遭遇，百感交集。为避免发生类似情况，在保证准确度的前提下，应该把口头协商的内容简要归纳成一封邮件后发给对方："关于××项目，今天我们商讨出来的结果是……"

这样即便对方改变了说辞，我们也可以对他说："请您再确认一遍当时我给您发的邮件吧。"此外，把邮件发给对方之后，我建议再发一条短信（或微信）："××文件发给您了，请查收。谢谢。"如果是第一次和对方在公司以外的地点开会，则更应该这样做。

这种做法是为了确认对方是否收到了邮件。邮箱地址错误、邮件误入垃圾箱、错发到别人邮箱等情况都有可能发生。当你下班回到家，舒舒服服地洗了个澡之后正看着剧，享受着美好的下班时光时，突然收到了一条信息："我还没收到邮件，难道……您没发吗？"为了防止这种不幸的事情发生，我们还是在发完邮件之后再发一条短信（或微信）确认比较保险。

后 记
한 장 보고서의
정석

没有完美的报告，只有合适的报告

《圣经》里有这样一句话：

> 你希望他人怎样对待你，
> 你也应当怎样对待他人。

换个立场想一想，假设你现在特别累，有人说想要和你聊一下，聊着聊着时间过了将近两个小时，可他还是没有停下来的意思，你觉得怎么样？或者他嘴上说着马上就结束，但还是一直说个不停，你有什么感想？多半会有些生气吧。己所不欲，勿施于人。试着养成习惯，用你希望听到的话术来和别人对话：

> 从结论开始说明。
> 用一句话概括。
> 我有3点理由，第一……
> 我将分4个部分来说明，第一个部分是……

练习用以上话术去和别人对话吧。希望在练习的过程中，大家的报告可以变得更加精简，加班的次数也越来越少。

"真正的人生从40岁开始，而在那之前，你只是在'做研究'。"我很赞同瑞士心理学家荣格的这句名言。

我深知大家被报告"折磨"得有多辛苦，所以我想把自己的经验总结出来并分享给大家。不过，关于如何做报告不存在标准答案，所以我也没办法对你说："这样做就行！"想必大家都在摸索研究的过程中吃了不少苦。为了能在这个阶段给大家提供帮助，我也把自己在摸索研究的过程中一点一滴积累起来的经验都倾注到了这本书中。

读这本书的时候你可能会发现，我在提出一个基本框架后，会列举出各种不同的例子。你可能会想："简单举一个例子不就可以了吗？为什么要说这么多？"这是因为做报告就像吃饭一样，有的人可能喜欢重口味，有的人可能就喜欢清淡一些。

本书可以为你的报告提供一些参考，但在实际工作中还是应该根据报告接收者（上司、同事、合作方等的需求进行调整）。因为最终对你的报告做出决策的人并不是写这本书的我，而是你报告的接收者。

我曾和丈夫讨论过这本书的内容，在某些报告中，丈夫看重的是结论，而我看重的是问题。我丈夫的思想结构属于典型的"倒金字塔型"，即从最重要的结论入手，其他问题的重要级依次递减，所以即便把倒金字塔下边的内容都删掉，最核心的内容也会留在顶端。我十分赞成这种结构，在大多数情况下我也是这样做的，但对于一部分报

后 记　没有完美的报告，只有合适的报告

告而言，我认为先说服对方，让对方认清问题才是最重要的。那么，报告到底该从哪部分入手呢？

如果遇到的是像我丈夫那样的决策者，就一定要从结论入手；如果遇到的是像我这样的决策者，那就在大多数报告中从结论入手，在某些报告中从问题着手。写到这里我发现，我好像更难应付一些。

从我的经验来看，并非所有报告都适合从结论入手。无论是在职场中还是在生活中，当我需要把一个冷冰冰的结论告诉对方时，不应该对人家的笑脸泼一杯凉水，而应该引导他去推测结论，让他有一个心理准备，做报告时照顾对方的情绪是很重要的。从结论入手，开门见山地阐述固然有诸多好处，但我们更应该注意报告的接收者是谁。

如果大家在阅读本书后成了一名"乌龟颈"患者，下面就是把你重新"变成人类"的时刻了。伸个懒腰，舒展腰部，打开肩膀，愿健康常伴你左右。也希望书中关于报告的基本技巧可以派上用场，让你的工作更加顺利。

未来，属于终身学习者

我们正在亲历前所未有的变革——互联网改变了信息传递的方式，指数级技术快速发展并颠覆商业世界，人工智能正在侵占越来越多的人类领地。

面对这些变化，我们需要问自己：未来需要什么样的人才？

答案是，成为终身学习者。终身学习意味着永不停歇地追求全面的知识结构、强大的逻辑思考能力和敏锐的感知力。这是一种能够在不断变化中随时重建、更新认知体系的能力。阅读，无疑是帮助我们提高这种能力的最佳途径。

在充满不确定性的时代，答案并不总是简单地出现在书本之中。"读万卷书"不仅要亲自阅读、广泛阅读，也需要我们深入探索好书的内部世界，让知识不再局限于书本之中。

湛庐阅读 App：与最聪明的人共同进化

我们现在推出全新的湛庐阅读 App，它将成为您在书本之外，践行终身学习的场所。

- 不用考虑"读什么"。这里汇集了湛庐所有纸质书、电子书、有声书和各种阅读服务。
- 可以学习"怎么读"。我们提供包括课程、精读班和讲书在内的全方位阅读解决方案。
- 谁来领读？您能最先了解到作者、译者、专家等大咖的前沿洞见，他们是高质量思想的源泉。
- 与谁共读？您将加入优秀的读者和终身学习者的行列，他们对阅读和学习具有持久的热情和源源不断的动力。

在湛庐阅读 App 首页，编辑为您精选了经典书目和优质音视频内容，每天早、中、晚更新，满足您不间断的阅读需求。

【特别专题】【主题书单】【人物特写】等原创专栏，提供专业、深度的解读和选书参考，回应社会议题，是您了解湛庐近千位重要作者思想的独家渠道。

在每本图书的详情页，您将通过深度导读栏目【专家视点】【深度访谈】和【书评】读懂、读透一本好书。

通过这个不设限的学习平台，您在任何时间、任何地点都能获得有价值的思想，并通过阅读实现终身学习。我们邀您共建一个与最聪明的人共同进化的社区，使其成为先进思想交汇的聚集地，这正是我们的使命和价值所在。

CHEERS

湛庐阅读 App
使用指南

读什么
- 纸质书
- 电子书
- 有声书

怎么读
- 课程
- 精读班
- 讲书
- 测一测
- 参考文献
- 图片资料

与谁共读
- 主题书单
- 特别专题
- 人物特写
- 日更专栏
- 编辑推荐

谁来领读
- 专家视点
- 深度访谈
- 书评
- 精彩视频

HERE COMES EVERYBODY

下载湛庐阅读 App
一站获取阅读服务

한 장 보고서의 정석 by Park Shinyoung

Copyright © 2018 by Park Shinyoung

All rights reserved.

First published in Korean by Sejong Books, Inc.

Simplified Chinese Translation rights arranged by Sejong Books, Inc. through May Agency.

Simplified Chinese Translation Copyright © 2024 by Beijing Cheers Books Ltd.

本文中文简体字版经授权在中华人民共和国境内独家发行。未经出版者书面许可,不得以任何方式抄袭、复制或节录本书中的任何部分。

版权所有,侵权必究。

图书在版编目（CIP）数据

一页纸高效沟通法/（韩）朴信英著；何珊译.
杭州：浙江教育出版社，2024. 12. -- ISBN 978-7
-5722-9188-3

Ⅰ.C912.11-49
中国国家版本馆 CIP 数据核字第 2024ZT4380 号

上架指导：职场沟通

版权所有，侵权必究
本书法律顾问　北京市盈科律师事务所　崔爽律师

浙江省版权局
著作权合同登记号
图字：11-2024-491号

一页纸高效沟通法
YIYEZHI GAOXIAO GOUTONGFA

[韩] 朴信英　著
何珊　译

责任编辑：操婷婷
美术编辑：韩　波
责任校对：王晨儿
责任印务：陈　沁
封面设计：魏博睿（FGS）

出版发行	浙江教育出版社（杭州市环城北路 177 号）
印　　刷	天津中印联印务有限公司
开　　本	880mm×1230mm　1/32
印　　张	6.375
字　　数	136 千字
版　　次	2024 年 12 月第 1 版
印　　次	2024 年 12 月第 1 次印刷
书　　号	ISBN 978-7-5722-9188-3
定　　价	69.90 元

如发现印装质量问题，影响阅读，请致电 010-56676359 联系调换。